ムリなく気楽にちょうどよく

「ひとり老後」の知恵袋

人づきあいの

精神科医
保坂隆

●はじめに
「ひとり老後」でも、「ご近所さん」との良好な関係は不可欠

「ひとり老後」だからといって、「たったひとり」で生きていけるわけではありません。

年齢を考えれば、体調を崩したり、病気やケガに見舞われたりすることもあるかもしれません。

そんなとき、何から何まで自分だけで処理するのではなく、周囲に「知り合い」と呼べる人がいたら心強いと思いませんか。

そう、「ひとり老後」でも、周囲との良好な関係が不可欠なのです。

近年、大都市ばかりでなく、地方の都市でも近所との関係は希薄になって

いて、「面倒だから」と、近所づきあいを避けている人も少なからずいらっしゃるようです。しかし、昔から「遠くの親戚より、近くの他人」というように、いざというときに頼りになるのは地域社会の住人、つまり「ご近所さん」なのです。

そこで必要になるのが、地域社会の人たちとの日常的なコミュニケーションです。ふだんは地元のつきあいを無視していて、困ったときだけ助けてもらおうというのは、ちょっと虫のいい話でしょう。

たとえば、ひとり暮らしの高齢者が大地震で自宅に閉じ込められたとしても、親しいご近所さんが誰もいなければ、その安否を心配して家を訪ねてくれる人も、行動を共にしてくれる人もいないわけです。

べつに災害に備えて近所とつきあえというわけではありませんが、最初からつきあいを拒否せず、茶飲み友だち程度の仲間をある程度はつくっておくといいでしょう。

もし、定年まで働くのに精一杯で、近所づきあいをする時間がなかったというなら、**まずは地元の町内会や自治会に参加してみるのもよい方法です。**

かといって、何も私は「濃密なつきあい」をおすすめする気は毛頭ありません。

キーワードは「いいかげん」。

「いいかげん」というと、だらしのないイメージがあるかもしれませんが、ここでいう「いいかげん」は、そうではありません。

漢字を交えると**「良い加減」。**これこそがひとり老後のおつきあいのキーポイントだと思います。温泉にたとえるなら、熱々でも冷たくもなく、「ほどよい湯かげん」といったところでしょうか。

じっくり浸《つ》かっているうちにどんどん気分がよくなってくる……。そんなおつきあいを心がけたいですね。

もちろん、そこには現役時代のような上下関係はありません。

どうぞ本書で「相手との適度な距離感」を体得し、ちっとも孤独ではない、実り豊かなよき人づきあいをしていただけたらと思います。

2025年4月

保坂　隆

★もくじ

第2章

ご近所、地域とのつながりで得られる心のぬくもり

第3章

親・子・孫がほどよい距離で暮らす知恵

第4章

友だちづきあいにはちょっとした秘訣がある

プロデューサー：中野健彦（ブックリンケージ）
編集協力：幸運社／寺口雅彦（文筆堂）
校正：文字工房燦光
カバーデザイン：西垂水敦／岸恵里香（krran）
カバーイラスト：ながのまみ
本文デザイン：石川直美
本文DTP：三協美術

第1章

老後の人づきあいのコツを知る

●基本は「ひとりで楽しめる人」になること

冒頭からいきなり矛盾したことを言うようですが、人づきあいが上手になりたければ、まず、ひとりで行動できること、そしてひとりで楽しめる人になることが大切です。

「○○展を見に行きたいけれど、一緒に行く人がいない」

「△△という映画が評判になっているけれど、誰か一緒に観に行ってくれないかしら」

こんなふうに思っているのはいいとして、誘った相手が「今回はちょっと……」などと言うと、「だったら私も行かないことにするわ」と口にしたりするのはいかがなものでしょうか。

これでは半分脅しているみたいで、相手の気持ちはズシリと重くなってしまいます。

もちろん、一緒に行くことができたら、どんなに楽しいだろうと思って誘うのですが、相手の都合がつかなければ、「残念ね。次の機会にはぜひ一緒に行きましょうね」などとさらりと受け、ひとりで見に行けばいいのです。**ひとりでも楽しめる人には、この軽やかさがあります。これが相手にとっても快い印象になるのです。**

また、一緒に出かけた場合も、相手にしょっちゅう話しかけていないと気がすまない人がいます。それも、なぜかたいてい独演会だったりします。そのうえ、相手が「今日はこれから、もう一カ所、回りたいところがあるので」と言ったりすると、「私もご一緒するわ」などと、どこまでも一緒に行動しようとします。

これでは相手はうんざりしてしまいます。

中学生の友だちづきあいではないのですから、引くべきタイミングは心得ておきたいものです。

年齢を重ねていくと、人それぞれ個性やクセが強くなってきます。

それらを丸ごと受け止めて、さらりと流せるようでなければ、老後の人づきあいはうまくいかないものだと肝《きも》に銘《めい》じておきましょう。

●シニア特有のタブーとは

上司や同僚の噂話や悪口など、仕事関係の話題が中心だった現役時代とは打って変わって、リタイア後は身のまわりのことが話題に上るようになります。とくに子供や孫はしばしば会話に登場するようです。

だけど、こうした話題、はたして適切なものなのでしょうか。

「昨日も孫が来ましてね。また、玩具をねだられました。かわいいからしかたがないけど、まったく困ったもんです」

そんな話をした相手が孫に恵まれず、寂しく思っているとしたら、かわいい孫の自慢は適切なものとはいえないでしょう。相手の寂しい気持ちをいっそう深めることにしかならないからです。

そんな話をしょっちゅうするあなたを、相手が遠ざけるようになったとしても不思議ではありません。

また、なんらかの事情で孫に会えない状況にあることも考えられるし、不幸にして孫がすでに亡くなっているというケースだってあるかもしれません。

ですから、「おたくのお孫さんは?」といった問いかけもタブーと心得ておきましょう。

孫のことばかりではなく、相手の家族関係を探るような話題は、こちらから持ち出さないのが成熟した年代の心配りというものです。

新聞にざっと目を通せば、話のネタはいくらでも見つかります。そのとき注目されている人物や本、テレビ番組などの情報は、インターネットからでも拾えます。自慢にならない程度に自分の趣味の分野の話をするのもいいでしょう。

タブーに触れない。それが老後の人づきあいを上手に運ぶ不文律です。

●ベタベタした人間関係は敬遠する

人間関係は不思議なもので、知り合ったばかりでも、つきあいの長い友だちのような気安さを感じさせてくれる人もいるし、何年つきあっていても、「やっぱり波長が合わないな」という人もいます。親しくなるのに時間がかかる人もいるし、第一印象で「いい人だな」と思っても、次第に違和感が増してくる人もいるでしょう。

なかには会った瞬間から質問攻めにしてくる人もいます。

「どちらのご出身？」「どんな仕事をしてきたの？」といった当たり障りのない話題ならともかく、時として「いつからおひとりなの？」「旦那さんとは死別されたの？　それとも離婚？」「どうしてお子さんと同居していないの？」「何か持病がお有りですか？」などといった、「それって初対面で聞きますか？」と言いたくなるようなことまで聞いてくる人もいます。こうなると、質問というよりも訊問に近い感じかもしれませんね。

せっかく出会えたのだから、あれも聞きたい、これも知りたいと思う気持ちもわからないではありませんが、実は矢継ぎ早に質問してくる人に限って、聞いたそばから忘れていることも少なくありません。

つまり、そういう人は「ただおしゃべりが好きな人」であって、話の内容に興味があるわけではないのです。

また、こちらが聞いてもいないのに、自分の込み入った事情までペラペラしゃべり、「自分はこんなに腹を割って話したのだから、あなたも包み隠さず教えてくれなくちゃ」と勘違いしている人もいます。

いずれにしても、シニアが新しい友だちをつくろうというときのポイントは、不用意に相手の事情に深入りしないこと。

なぜなら、長い人生を歩んできた道のりには、たとえ親しい相手にでも触れてほしくないこともあるからです。そこにいきなり土足で踏み込まれるような思いはしたくないに決まっていますよね。

シニアの人づきあいの鉄則は、「適当な距離を保ちつつ、細く、長く」です。ベタベタしたつきあいは避けるに限ります。

●大人のつきあいは「物足りない」ぐらいがちょうどいい

最近、テレビや新聞で取り上げられている話題に「あおり運転」がありま す。前方を走行する自動車やオートバイに危険な嫌がらせをするもので、最も多いのは極端に車間距離を詰めて道を譲るように強要するケースです。

シニアはスピードをあまり出さずに運転することが多いため、この被害に遭う場合も少なくないようです。

しかし、こと人間関係となると、あおり運転とは逆に、シニアのほうが気がつかないうちに距離を詰め過ぎてしまうケースが少なからずあります。

とくに注意したいのが、シニアになってから友だちをつくろうと頑張っている場合です。

あちこちから「そのままでは孤独な年寄りになってしまいますよ」という情報が入ってくるので、居ても立ってもいられなくなるのかもしれません。

しかし、**頑張って友だちづくりをしようとすればするほど、人は遠ざかっていくものです。**

「私が友だちになりたいと思っているのだから、相手も同じ気持ちであるに決まっている。だから、うまくいくに違いない」と、勝手に考えがちです。

このように自分自身を分析して、自分の行動の結果を予想することを「自己スキーマ」と呼びます。

本来、自己スキーマは客観的に自分自身を分析して考えるものですが、歳を重ねるにつれ、自分に都合のいいように考えがちです。その結果「うまくいくに違いない」と思い込んで、了承も得ずに相手の世界にズケズケと立ち入ってしまうのです。

自分の周りにこんな人がいたら、友だちになるどころか、挨拶だってしたくなくなると思いませんか。

友だちがほしくても、あるいは、より親しくなりたい友だちがいても、焦りすぎないことです。ここで利用したいのが「自己開示」と「相互開示」という心理です。

「自己開示」とは、自分の情報を相手に公開することで、そうすれば相手にも同程度の情報を公開したくなる心理（「相互開示」）が生じます。

つまり、友だちになりたいと思う人がいたら、「ずいぶんと涼しくなりましたね」といった、**たわいのない話から始めてみることです。**

もし相手が応じてくれたら、次の段階——たとえば、自分の住んでいる地域や年齢、家族構成などを話す段階に進んでいいのですが、相手の口が重いようなら、そこで留めておきます。

そんな人とは「挨拶＋ひとこと」が会話のマックスと考えてつきあえばいいでしょう。

そもそもで言うなら、老後のつきあいは「物足りない」くらいがちょうどいいのです。

●「損得勘定でつきあう」という考えから離れてみる

「社会的交換理論」という考え方があります。

「人の気持ちにも損得勘定が関わっている」という理論で、最もわかりやすいのは遠距離恋愛かもしれません。

会社員であれば誰でも、ある日突然、地方へ転勤を命じられることがあります。たとえ恋人がいても、未婚の場合はひとりで赴《おもむ》くしかありませんから、それ以降は遠距離恋愛ということになります。

しかし、残念ながら遠距離恋愛はうまくいかないケースが多いようです。それは、「愛情」や「幸福感」「楽しい時間」という報酬を得るためにかかる「移動時間」や「交通費」「体力」などのコストを考えると、お互いに「なんだか見合わない」と感じてしまうからでしょう。

人間関係がうまくいくかどうかも、この社会的交換理論で説明できます。現役時代には「ウマが合わない」「考え方が好きになれない」と感じていた人ともつきあっていたはずです。

それは、「仕事の成果」や「売り上げ」という報酬と、「我慢」「ストレス」などのコストを比較した結果、「つきあうべき」という結論に達したことを表しています。

定年を迎えて、こうした我慢やストレスのない立場になったはずのシニアでも、ときに社会的交換理論にとらわれることがあるため、注意が必要です。

とくに気をつけたいのが孫との関係です。

定年を迎えると今までよりも時間に余裕ができて、孫に会いたいという気持ちが強くなるようです。しかし、孫のほうは幼稚園や学校、塾や習い事、友だちとの遊びに忙しい毎日を送っていて、なかなか時間をつくってくれません。

すると、「お小遣いをあげるから一緒に遊ぼう」とか、「プレゼントを買ってあげたよ」などと言って孫の気を引こうとする人が出てきます。金品だけではなく、「言いつけを守らなくても怒らない」という甘やかしで惹きつけようとするシニアもいます。

そのようにすれば、おそらく孫は「おばあちゃん（おじいちゃん）、大好き！」と言ってくれるでしょうが、これは損得勘定の関係にすぎません。つまり孫は、お小遣いや甘やかしという報酬を得るために、自分の時間を削って祖父母に会いに来るというコストを払っているわけです。

こんな関係を続けていると、孫は「お小遣いをくれないなら会いに行かない」「怒るなら嫌い」という考えを持つようになるでしょう。

これは友人・知人関係にもいえることで、「かまってもらいたいから食事をおごる」とか、「嫌われたくないから相手の意見には反論しない」といった気持ちで築かれた関係は、真の友人・知人とはいえません。

といっても、人間関係から損得勘定を100パーセント取り除くのは不可能です。ですから、**まったく違う損得勘定で人間関係を構築することを考えてほしいと思います。具体的には「愛情」や「知恵」などを利用するのです。**ちなみに愛情にはアメとムチの「ムチ」も含まれます。

昔は、どこの家庭や地域にも、一本筋が通ったお年寄りがいたものです。相手が誰であろうと、「正しいことは正しい、悪いことは悪い」という態度で接し、家に伝わるしきたりや作法、先人の知恵などを教えてくれました。

こんな厳しいお年寄りは嫌われて孤立しそうなものですが、実際はその正反対で、みんなに慕われていたのです。なかには「怒られに来た」などと喜ぶ人さえいました。

これも社会的交換理論で説明できることで、厳しいお年寄りが与えてくれる「愛情」や「知恵」という大きな報酬にみんなが惹きつけられていたのです。

そもそも「お金」や「甘やかし」で得た人間関係は長続きしませんし、ストレスにもなります。人間関係の構築のために「お金」や「甘やかし」を利用するのはもうやめて、「嫌われてもいい」と思って一本筋を通してみませんか。そんな人のもとには、自然と人が集まってくるものです。

●〝テーマ別につきあう〟のが大人の流儀

リタイア後の時間を気ままに、自分のやりたいことをやってすごすのはもちろん楽しいでしょうが、仲間と連れ立って何かをするというのも、また格別の楽しみがあるはずです。

たとえば温泉に出かけるのでも、ひなびた宿を取ってひとり静かにこれまでの人生を振り返ってみるというのもオツなものですが、親しい友人とおいしいものを食べ、酒を酌み交わしながら、さまざまなことを語り合うというのも至福の時間となるでしょう。

旅だけではなく、買い物でも食事でも趣味でも、つきあってくれる友だちがいることで、生活の楽しみが広がっていきます。

とはいうものの、ひとりの友だちに何もかも求めるのは無理があります。誰にでも好きなことと嫌いなこと、得意なことと苦手なことがあるからです。温泉には喜んでつきあってくれる友だちが、コンサートにも同じような気持ちでつきあってくれるとは限らないのです。

だからこそ提案したいのが、テーマ別に友だちを持つことです。

温泉に一緒に行くならこの人、買い物につきあってもらうのはこの人、好きな芝居や映画を観に行くならこの人、コンサートならこの人……といった具合に、**自分が好きなことをするときの相手をそれぞれ別に持つのです。**

「そんなに友だちはいない」という人は、積極的におひとり様歓迎のツアーに参加したり、観劇やコンサートの鑑賞会に入ったりすれば、趣味が同じ新しい友だちができるかもしれません。友だちの数を増やすことは、あなたの楽しみを広げることに直結します。

●行動範囲を広げることは最高の〝友活〟

老後になると、自由に使える時間が格段に増えます。休みの日はひとりで好きなようにすごすのがいちばんだという人も、老後は、ひとりの時間を好きなだけ楽しんでもなお、持ち時間が有り余るほどあることに気づくでしょう。

私のクリニックを訪れる女性は、診察のたびに「昨日は○○さんと夕食を一緒にして盛り上がってしまいました」とか「地域交流で知り合った仲間と明日から保養所に行くんですよ。公共の施設だし、シニア割引があるので安く泊まれるの。温泉はいいし、食事もまあまあですよ」と、自由な時間がふんだんにある老後を、とことん楽しんでいる様子です。

何より素晴らしいのは、楽しみの数だけ友だちがいることです。「友だちをたくさんお持ちでうらやましいですよ」と言ったら、「ちゃんと〝友活〟を頑張りましたから」と、ちょっと得意げな答えが返ってきました。

実は彼女、50代半ばくらいまでは、友だちといえば「指を2、3本折ったら終わり」という寂しい状態だったそうです。

ちょうどその頃、お父さんを見送り、ひとり暮らしを始めたお母さんにも、友だちらしい友だちがいませんでした。娘としては「大丈夫かな?」と、とても心配でしたが、仕事がメチャクチャに忙しい時期で、そうそう実家にも帰れません。

でも、お母さんは娘のそんな心配をよそに、なんと自分で動いて友だちづくりを始めたのです。近所のお店の人などに「あの奥さんもひとり暮らしみたいですよ」と聞くと、ちょっとしたお菓子を持って訪ねて行き、「私、最近、ひとり暮らしになりましてね。できれば、お友だちになってくださらない？」と声をかけていきました。

バス旅行にもひとりで参加して、帰りには友だちを2、3人つくってくるという具合で、案外にぎやかで楽しい老後を送ったというから立派なものです。

そんなお母さんの姿を見ていた彼女は、自分も老後を迎えるまでにいっぱい友だちをつくっておこうと、さっそく行動を開始したのだとか。

友だちというと、学生時代に出会った人、仕事を通じて関わった人、あるいはママ友など、どうしても同じような年齢、環境の知り合いになりがちです。それだけでは楽しみが広がりにくいと考えた彼女は、ふだん出会う機会がないような世界の人とも友だちになりたいと、各地の市民マラソンに参加したり、富士山の清掃ボランティア活動に加わったりもしました。

そのかいあって、今では老若男女さまざまな嗜好の人と交流を持ち、私をうらやましがらせるほどの〝友だち持ち〟になったというわけです。

「友情は瞬間が咲かせる花であり、時間が実らせる果実である」

19世紀のドイツの軍人コッツェブーの言葉です。

ちょっとした知り合いをつくることはなんとかできても、友だちと呼べるまでに人間関係を育てていくには、やはりそれなりの時間がかかるものです。

「豊かな老後のために友だちを増やしたい」と考えるなら、さっそく積極的に行動範囲を広げていきましょう。

自分の世界に閉じこもるのではなく、行動範囲を広げることは、最高の〝友活〟です。行動範囲が広がれば広がるほど、今までとはまったく異なるジャンルの人との出会いがあり、その結果、自然にさまざまな友だちが増えていく機会につながるものです。

●「人がどう思うか」なんて考えても意味がない

「友人が自家用車を買い替えたから、自分もそうした」

「同期がマイホームを手に入れたと聞いたので、それより会社に近いところに家を買うことにした」

「幼なじみが結婚したから、お見合いの回数を増やした」

このように、若い頃は友人や知人、幼なじみなどの様子が気になって、競う気持ちも起こりがちです。

その結果、金銭的に無理なことや不本意なこともしてきたのではないでしょうか。とくにバブル時代を現役として経験した世代は、後悔したこともよくあったのではないでしょうか。

何度もそんなことをしてきたのは、自分に自信が持てず、周囲にいる人や世間と自分を比べる「目線」を外せなかったからでしょう。

しかし、還暦を迎える年齢になって、ましてひとり暮らしならば自分を見つめ直す時間も多いので、本当の自分が見えてきたはずです。そうだとするなら、これからは、他人や世間に向けていた目線は外し、自分がやりたいことだけをやり、生きたいように生きればいいと思います。

すでに現役時代に「本当の自分」が見えていたという人もいるかもしれません。しかしそういう人でも、現役時代にはいろいろなしがらみがあって、思いどおりに振る舞えなかったのではないでしょうか。

つまり、やりたいことだけをやれる、生きたいように生きられるというのは、すでに定年や還暦を迎えた、あるいは迎えようというシニアだけが持つ特権なのです。

こうした生き方を表す言葉が「第二の人生」です。

第二の人生というと、「昔から夢だった仕事を始めた」「研鑽を積みたくて大学に再入学した」などといった立派なことばかり思い浮かび、「とてもそんな真似はできない」と考えがちです。

でも、立派である必要はないと思います。**「自分の好きなようにすごすこと」、これが「第二の人生」の基本なのです。**

日本人は他人の目を気にしすぎるきらいがあり、「自分の好きなようにすごすのは好ましくないこと」と思う傾向があります。それどころか「好きに生きるのは悪いことだ」と考える人もいます。

しかし、それはまったく違います。「これからは自分のことを最優先して気ままにすごします」と宣言してみませんか。それだけできっと心が晴れるでしょう。

●無理をせず「三欠く法」でいく

夏目漱石は『吾輩は猫である』のなかで、人づきあいについて「義理をかく、人情をかく、恥をかくの『三欠く』を実行すべし」と書いていますが、この言葉はひとり老後を送る高齢の人にこそふさわしい名言なのではないでしょうか。

本来はお金をつくる方法についての言葉ですが、むしろ老後の人間関係に当てはめるほうがぴったりきます。やっと社会的な制約から離れてすごせるようになったのですから、**無理をしてまで人づきあいをする必要はない**と思うのです。

もちろん、法事やお葬式のようになかなか避けて通れない場もありますが、

60歳を過ぎた頃からは100パーセントおつきあいをしなくてもいいのではないでしょうか。

当主として家を継いだ場合などを除けば、親戚づきあいや冠婚葬祭も都合によってパスするケースも出てくるでしょう。

ある程度の年齢になると、友人や親戚を見送る機会も増えますが、葬儀のすべてに参列してお香典を包んでいたのでは、経済的負担も大きくなってしまいます。やはり、どこかで境界線を引いて、参加・不参加を決めなければなりません。

その基準はあくまでも自分の気持ちですから、どうしてもお見送りがしたいと思ったら、どんなに遠方でも出向くのが自然です。

しかし、**よほど縁の深い人の場合を除いては、弔電やお便りでお悔やみを申し上げるだけでも失礼には当たらないでしょう。**

また、これは冠婚葬祭に招く側の手間や負担を軽くする意味もありますから、単なる不義理とはいえません。

「大変なのはお互い様」という考え方もありますが、若い頃はそれでよくても、年を取ると招く側の負担も大きくなります。出向くほうも迎えるほうも同様なのですから、**お互いが「気持ちだけ」で簡素にすませても文句は出ないでしょう。**

ただし、足を運ばなかったのなら、**丁寧なお便りを差し上げる**ようにしましょう。**セレモニーへの不参加を電話やメールですませるのは、ちょっと軽過ぎるかもしれません。**


要するに、義理を廃して人間関係を絞ったぶん、本当に大切な人とのおつきあいを深めていけばいいのです。

老後のつきあいは「義理堅く」ではなく、「自分の心に正直に」。漱石の言う「三欠く法」を見習ってみてはいかがでしょうか。

●必要以上に頑張らなくていい

「責任感が強い」というのは、本来はほめられるべき人柄ですが、とくに還暦過ぎの年代になると、責任感が強過ぎるのも考えものです。

たとえば、人一倍責任感が強いシニアがマンションの管理組合の理事長を任されたとします。そして、建物の老朽化による建て替え工事の同意を集めることになったとしましょう。

一般のマンションの建て替え工事には住民の５分の４の同意が必要だそうですから、大変な作業です。帰宅が遅い人もいるでしょうし、連日深夜まで各戸を訪ね回ることもあるはずです。

普通の人なら「ああ、疲れた。もうやりたくない」「ひとりではとても無理だから、誰かに手伝ってもらおう」と弱音を吐くかもしれませんが、責任感が強過ぎると、「やると言ったのだから、途中で投げ出すわけにはいかない」「誰にも任せられない」と、ひとりで頑張り続け、その結果、心身共に疲れ切ってしまいます。

シニアともなると、若い頃よりもストレス耐性が低くなっていますから、頑張って住民の5分の4の同意を取りつけたとしても、伸び切ったゴムのように回復不能のダメージを受けてしまうかもしれません。

とくに「○○さんは責任感が強い」「○○さんなら安心して任せられる」といった評価を受けたことがある人は要注意です。「責任感」や「頑張る」という言葉に縛られて、自分でも気がつかないうちに限界を超えてしまうかもしれません。

そうなる前に「これ以上は無理」と白旗を掲げて、誰かに助けを求めたり、ひと休みしたりするようにしましょう。

フーベルトゥス・テレンバッハというドイツの精神医学者が、うつ病になりやすい人には、ある傾向が存在することを発見しました。それは「几帳面で仕事熱心、律儀、責任感が強い」などで、これを「メランコリー親和型（前うつ性格）」と呼びます。

最近、**「老人性うつ」**が増加しています。

厚生労働省によると、シニア（65歳以上）のうつ病有病率は13・5％に達するそうです。

また、まじめで責任感が強い人ほど、老人性うつになる可能性が高いことはよく指摘されています。

ところが、まじめで責任感が強いと、自分がうつ病であることを認めたがりません。「自分がうつ病になどなるはずがない」「頑張りが足りないだけ」などと考えてしまうのです。

実際に老人性うつと認められてもこうなのですから、その前段階で、私が「白旗を掲げて誰かに助けを求めましょう」とか「ひと休みしましょう」とすすめても、「そんなことできるわけない」「友人や知人に顔向けできない」などと反発するでしょう。

たしかに、人から後ろ指を指されるようなこともあるかもしれません。しかし40年近く働き続け、ようやく自分のために時間を使えるようになったのに、その矢先に心身共に壊れてしまっては元も子もないと思いませんか。

老人性うつもほかの病気と同じように、治療よりも予防が重要なのですから、ここはぜひ、私のアドバイスに耳を傾けてほしいと思います。

●八方美人はトラブルのもとになる

定年退職したシニアのなかには、「多くの人から尊敬されたい」という社会的承認欲求が満たされていないと思い込み、些細なことでキレる人がいます。

その一方で、これとは正反対の形で社会的承認欲求を満たそうとする人もいます。「尊敬されるのが無理なら、相手にされるだけでもいい」と考え、みんなに気に入られようとするのです。

しかし、この気持ちが強くなり過ぎると、誰にでも都合のいいことを言う「八方美人」になってしまいます。

本人は「これでみんなと仲良くできる」「仲間に入れる」と思っているのかもしれませんが、八方美人的態度を取り続けていると、逆にみんなから敬遠されてしまいますから注意が必要です。

また、このように〝外〟で「いい人」「立派な人」を演じていると、〝内〟にその反動が来ることがあります。

みんなに好かれようとすれば、Aさんの前ではAさんの意見を受け入れなければなりませんし、Aさんとギクシャクしている B さんの前では B さんの意見に賛同しなければならないわけですから、これは明らかな自己矛盾です。こんな矛盾を抱えていれば、反動で感情が爆発して当然でしょう。

ちなみに〝内〟とは家の中のこと。つまり、八方美人になればなるほど、その反動でDV（家庭内暴力）を起こしやすくなるということです。

極端な帰結と思うかもしれませんが、いわゆる外面がいい人や、外面を大事にする職業の人ほど、DVを起こしやすいという調査結果が出ているのです。

深刻な問題を起こさなかったとしても、そもそも「人に好かれたいから」といって誰にでも媚《こ》びるのは品がよくありません。シニアならなおさらです。**60歳を過ぎたら、「誰にでも好かれたい」という気持ちに振り回されるのはやめて、周囲を傷つけない範囲で自分の気持ちや考えを正直に伝えたほうがいいと思います。**

その結果、相手があなたの気持ちを受け入れてくれなかったり、反発を受けたりしたなら、「この人とは縁がなかった」と考えればいいのです。

こうして自分に素直でいれば、無駄なストレスも感じないし、いつか必ずあなたの気持ちや意見に賛同してくれる人が現れます。「誰とでも」ではなく、そういう人とだけつきあうのが「ひとり老後」の上手な生き方だと思います。

●波長の合わない人とつきあうコツ

公私の別なく、多くの人にとってストレスの最大の原因といえば、やはり人間関係ということになるのではないでしょうか。

たとえば現役時代、「上司に仕事の進め方について相談に行ったところ、そっけない返事しかもらえなかった。自分は嫌われているのかも……」などと戸惑ったり、違和感を覚えたりしたことは多くの人が経験済みでしょう。

最初のうちは「ちょっと歯車が噛み合わない」と感じただけだったとしても、そんなことが何度も重なったり、コミュニケーションがなかなかうまく取れなかったりして、仕事に身が入らなくなったこともあったかもしれませんね。

こうした感覚は、残念ながらリタイア後も起こり得ます。

たとえば、マンションの隣人に対して「どうもウマが合わない」と思っていたとしましょう。

そんな隣人が住む部屋から騒音や悪臭が漏れてくるようになったとしても、日頃の行き来がないと、簡単には苦情を訴えられないものでしょう。まして本音をぶつけ合って腹を割った話などできません。

かといって簡単に引っ越すわけにはいかず、住み心地のよくない毎日になってしまいます。

しかし、手をこまねいていてもストレスが溜まるばかり。では、どうしたらいいのでしょう。

実は**波長の合わない人とつきあうコツがある**のです。それをお教えしましょう。

まず、波長が合わないという事実を受け入れてしまうことです。相手の存在を否定するのではなく、「つかず離れず」という関係を維持するのです。数学の「平行線」は、一定の間隔を保っていて、交差することはありません。まさにこの平行線のように相手との位置関係を保てばいいのです。

どうしても接触せざるを得ないときは、必要最低限に留めておきましょう。相手と波長を合わせようとするからストレスが大きくなるので、最初から「この人とは波長が合わない」と思えば気が楽になるはずです。

騒音・悪臭問題に関していえば、管理組合を介するというやり方もあるでしょう。

そうはいっても、なかなか思うようにはいかないという人は、「世の中には自分の価値観とはまったく違う人もいる。しかし、見方を変えれば、自分にはないものを相手が持っているということだ」

と考えてみてはどうでしょう。

詩人の金子みすゞさんの詩に「みんな違って、みんないい」と詠った作品があります。そんな心境になれば、心に余裕が生まれるというものです。気の持ち方しだいで、波長が合わない相手であっても、つきあうことはできるはずです。

●人づきあいの原点に「感謝」あり

我が子、友だち、かつての仕事仲間……。近しくても、それぞれ自分とは異なる人間です。だとすれば、何事も自分の思いどおりになることを望むほうが無理というものです。

自分だって、相手の望むような言動を常に取っているかと自問すれば、その答えは「否」でしょう。人間は誰だって限りなく「自己本位」「自分勝手な生き物」なのです。

その自己本位であるはずの他人が、自分と一緒に時をすごしたり、夢や行動を共にしてくれたりしたら、それだけでもどれだけありがたくうれしいことでしょう。

それがわかれば、どんな相手も心広く受け入れ、やさしく柔らかく接することができるようになるでしょう。

「わかっちゃいるけど、なかなか人にやさしくできなくて……」という方には、誰とでも心やさしくつきあえるようになる、とっておきの秘訣をお教えしましょう。

それは、**どんなときも、最初のひとことは「ありがとう」と決めてしまう**ことです。相手が１００パーセント悪く、こちらには落ち度がまったくない場合であってもです。たとえば、「ありがとう。あなたの無理難題のおかげで、私は自分の我がままを引っ込めることができたわ」といった具合です。

これは極端な話ですが、それでも「ありがとう」という言葉には一種の魔力が込もっていて、そう言うだけで、今まで自分が気づかなかった〝相手への感謝の念〟が本当に湧いてくるから不思議なものです。**「感謝から始まる人間関係」がうまくいかないことはない、**と私は断言できます。

●「小さな親切」と「大きなお世話」の境目とは

人に対する「親切」は人間関係の潤滑油です。相手に対してちょっとした気配りや心遣いがあると、関係はずっと親しいものになるし、信頼も生まれます。

その一方で、**親切には落とし穴があることも知っておきたいところです。**

たとえば、会話のなかで相手から、「この間、海外旅行をしたのですが、英会話の必要性を感じましたね」という言葉が出たとしましょう。

たまたま自分が英会話スクールに通っていた場合、「実は私は今、英会話スクールに通っているのですよ」といった話になるのが自然です。

ここまでは問題ありませんが、親切心が頭をもたげて「今度パンフレットをもらってきますよ。そうそう、体験入学もできますから、一度いらしてみてはいかがですか」とたたみかけたとしたら、どうでしょうか。

善意から言っているのはわかりますが、相手の気持ちも都合も考えずに、一方的に押しつけるのはいかがなものでしょう。よけいなお節介でしょう。

こうしたパターンこそが、親切の落とし穴なのです。善意がもとになっているだけに、相手にとってありがた迷惑になっていることに気づきにくいのです。

親切は、控えめに出すのが良いさじ加減といえます。

このケースなら、「もしスクールに通われる気持ちになったらひと声かけてください。何かお役に立てるかもしれませんから」くらいに留めておくのがベストだと思います。**相手から求められたときに、的確に応えるの**が理想的な親切の形といえるでしょう。

●時には他人に甘えてしまおう

経済的にはもちろん、健康面でも精神面でも自立し、誰かに頼らなくても日々の生活を送ることができるというのが、リタイア後の「ひとり老後」を楽しむ基盤であることは言うまでもありません。

しかし、「自立して生きる」ということと、「何もかも自分でやり、人の手はいっさい借りない」ということはイコールではありません。

周囲から差し伸べられる助けや心配りを拒否し、頑《かたく》なに「なんでもできる」自分にこだわり続ける必要があるのでしょうか。

年齢を重ねるとともにできなくなることがだんだん増えていくのは当然です。体だって無理が利かなくなります。それをカバーしてもらうのは、恥ずかしいことでも情けないことでもありません。片意地を張り続けるのは偏屈でしかありません。

「ちょっと手を貸してもらえないかしら?」

「実は今、こんなことで困っていて……」

といった思いは率直に伝えるべきです。


相手がそれを迷惑に感じるのでは、などと考えるのは大きな勘違いです。

人というのは、それも高齢になればなるほど、**頼まれ事をされたり相談を持ちかけられたりすると、けっこううれしいものなのです。**

どうしてだかわかりますか。

自分が信頼に足る人間で、まだまだ人の役に立っているのだということを実感できるからです。


頼まれ上手になるには、ふだん自分のほうから、「何か私にできることがあったら、遠慮なくおっしゃってくださいね」と言っておくことです。そんな下地があると、自分のほうからもずっと頼みやすくなるでしょう。

「助け合い」はきわめて人間らしいコミュニケーションです。周囲にそういう相手が何人いるか、それが人生の豊かさを決めるひとつの指標かもしれません。

第2章

ご近所、地域とのつながりで得られる心のぬくもり

●リタイアしてからは隣近所とのつながりを持つ

現役生活が終わると、中心的な活動の場が会社から地域社会に移ります。まず、このことをしっかり認識して、頭を切り替える必要があります。

地域社会に家族以外には親しい人がいないというようなことでは、楽しく快適な生活など望めないし、何かあったときの不安も大きい。地域での人とのつながりは、リタイア後の生活の最も基本的な条件といえるでしょう。

人とのつながり、つまり人間関係はコミュニケーションから生まれます。その原点は実にシンプルです。そう、挨拶です。

散歩や買い物、あるいはゴミ出しなど、リタイア後の生活では自宅周辺に出かける機会が多くなります。**その際、近隣の人と顔を合わせたら、まず、自分からひとこと「おはようございます」「こんにちは」と意識して声をか**

けましょう。

挨拶されて嫌な気持ちになる人はいませんから、相手もにこやかに挨拶を返してくれるでしょう。挨拶を交わし合うことはつながりの基礎になります。そこから少しずつ会話を増やしていけばいいのです。

いちばん話題にしやすいのは、単純ですが天候に関するものです。「寒くなりましたね」でも、「今日は暑くなりそうですね」でも、そのときどきに感じたことを言葉にすればいいでしょう。

それがやがて立ち話になり、話題も多彩になっていきます。留守にするときにひと声かけ合ったり、もらい物をお裾分けしたり、といった関係になるのも、そう遠いことではないでしょう。

信頼できるご近所さんができると、暮らしやすさは格段にアップします。

●地元の商店は地域との「コミュニケーションの軸」

　ここしばらくは大型スーパーなどに押されて、いわゆる「地元の商店街」はあまり元気がないようですが、それでも地域に根ざした地元の商店の底力は、驚くほどたくましいものです。

　たとえば、東日本大震災後にいち早く店を開けて地域の暮らしを支えたのは小さな商店街や町の専門店でしたし、顧客の情報を収集して知人に知らせるといった「草の根サービス」に努めたのも地元の商店でした。

　そして、なじみのお客さんの家を回って安否を確認したり、身体の不自由な高齢者のために物を配達したりと、きめ細かなサービスが可能だったのも長年にわたって築いてきたお客さんとの信頼関係、コミュニケーションがあればこそです。

大型店・量販店では直接の商品のやり取り以外に交流がないのに対して、個人商店では季節の話題やその日のニュース、身の上話、近所の人たちの状況など、何気ない会話をすることで、自然に「お店とお客」以上の人間関係ができあがっていったのでしょう。

たしかに、他人との必要以上のつきあいを嫌う人には、家族構成から一日の行動、食べ物の好き嫌いまで知られてしまう地元の商店との関係は、多少うっとうしく感じるかもしれません。

しかし、**地元の商店を通じた地域とのつながりが、万が一のときの生命線になることもある**のです。

とくに地域とのつきあいが少なくなりがちな高齢者にとって、自分の存在を気にかけ、何か生活に異変がないか注意を払ってくれる人がいることは、とても大事です。

ひとり暮らしの高齢者が社会的な存在感を高めるには、地域とうまくコミュニケーションを取れるかどうかが大きなカギになっています。

でも、「これからはご近所や地元の人と仲良くしよう」と思っても、親しくできるチャンスは決して多くはありません。その点、地元の商店と日々の買い物を通じておつきあいをするのは、いちばん簡単で無理のない方法です。お店の人と話ができるようになると、なじみの客同士で自然と会話ができるようになったり、顔見知りが増えたりして、交流の輪が徐々に広がっていきます。

もちろん、こうしたつながりは、すぐにできるものではありません。少しずつ打ち解け合いながら、だんだん強い絆が生まれるのです。年を取った今だからこそ、日頃から意識して地元の商店街や専門店に出かけるようにしたいものです。

●「地域とのつながり」が人生を華やかにする

老後を楽しくするもののひとつに「地域とのつながり」があるのは間違いのないところでしょう。そして、大切にしておいて損をしないのも、地域とのつながりです。

あなたは自分の住む地域の公民館や各種の会館、コミュニティセンターに足を運んだことがありますか。その施設がどこにあるか、ご存じでしょうか。

地域とのつながりを考えるうえで、これらの施設は大切な役割を果たしています。

どうしてかというと、**公民館、文化会館やコミュニティセンターなどは地域の共同体意識を高めるためのものであり、また、地域社会の文化活動の中心となる場だからです。**

「公民館って、お年寄りや子供の集会所みたいなところじゃないの？」

もしそう思っているのなら、一度、施設を見学してみるといいでしょう。

そうすればきっと、

「へぇ〜、この町ってこういうところなの!?」

「こんなに多くの人たちが利用しているのか」

ということがよくわかるはずです。また、

「地域に溶け込んだ生活を送りたいけれど、どこにどうやってアプローチしていいのかわからない」

「地域の中で自分が参加できるものが何かあるだろうか」

と考えている人は、確実に大きな一歩を踏み出せるでしょう。そして、あなたの人生は、ちょっぴり華やかなものになるでしょう。

●上手に「ご近所デビュー」するには？

男性にしろ女性にしろ、定年まで働きづめできた人は、いってみれば近所づきあいのビギナーです。

それまで「近所づきあいは面倒」とか「無理につきあわなくていい」と考えてコミュニケーションを取ってこなかった人でも、**定年後は生活のメインステージが職場から「居住する地域」に変わる**のですから、無視するわけにはいきません。

もちろん、「自分は我が道を行く」と決め、「よけいな近所づきあいは拒否する」という信念を持って老後を生きるのも自由です。しかし、それでは人生の楽しみが狭まるばかりで、もったいないと思います。

ちょっと勇気を出して足を踏み入れたら、

「近所にこんな面白い人がいた」
「お年は召しているけれど、元気で博識な先輩がいる」
「学童保育の子供と遊ぶのはとても楽しい」
など、それまでの長年の仕事では味わえなかった地域の魅力に触れることもあるでしょう。

また、「遠くの親戚より近くの他人」ということわざがあるように、ご近所にも自分と気の合う人や、この先の老後生活をエンジョイするうえで、親戚よりも頼りになる人がきっといるはずです。

最初からそういう人に巡り会えるかどうかはわかりませんが、自然に挨拶をしたり言葉を交わしたりするところから始めれば、やがて近所の人と顔見知りになり、親しさも増していきます。

まずは、ビギナーはビギナーらしく、「おはようございます」「こんにちは」

「こんばんは」と笑顔で挨拶するところから始めましょう。

もう少し慣れてきたら、「暑い日が続きますね」「日が長くなってきましたね」と季節の話題を出し、さらには「私の生まれ故郷ではこの時期にお祭りがあるんですよ」「そろそろ稲刈りの季節ですね。私も昔はよく手伝わされたものです」などと、少しプライベートな話を提供すれば自然に会話も弾んでいきます。

ただし、人間は親しい間柄になると、だんだん遠慮のない会話ができるようになる反面、それが一足飛びに失礼な態度につながりかねません。**親しくなっても相手に対する気遣いや思いやりは忘れないよう自戒したいものです。**

そして、もうひとつ大事なのは、老後は現役時代の「自分のステイタス」を誇示しないことです。

とくに男性に多いのが、地域の集まりでも「私は○○物産のロンドン支店に勤務していましてね」「財務省で宮仕えが長かったもので……」などと、在職中の話を誇らしくする人です。

何事も上下関係で動く会社での癖が抜けないのか、少しでも自分を相手より上だと思わせたいのか、あるいは新参者だから話題がそれしかないのか、いずれにしても、これは近所づきあいではタブーです。

現役時代の肩書きやキャリアをすべてリセットして、新しく「第二の人生」をスタートさせることが定年後の醍醐味であり楽しみなのです。新人になったつもりで「自然体」の自分でいることを心がけましょう。

●定年後の地域デビューに必要な二つのこと

現役時代は、仕事の能力で周りからの評価が決まりました。しかし、老後はそんな基準はありません。もっと気楽に過ごせばいいのです。

逆に、もう過去のものになった現役時代の肩書きや成功体験に固執し、それを印籠《いんろう》のように振りかざす人は嫌われてしまいます。

では、地域社会で歓迎され、自然と周りに人が集まってくる「人生後半のスター」になるのはどんな人なのでしょうか？

それは、**第一に「笑顔」の素敵な人です。**

今まで仕事が忙しくて地域のコミュニティには無縁だった人が、老後の生活を充実させる一歩にと「地域デビュー」しようとしても、公民館での講座や集まりに初めて参加するときは緊張し、気後れしてしまうでしょう。

現役時代なら名刺を出して会社と役職、それと仕事内容を言えば自己紹介は事足りたかもしれませんが、地域社会ではそうはいきません。

初対面の人とどのように接したらいいのか、自分のことをどう説明したらいいのかわからなくて、ついついしかめっ面になってしまうかもしれません。

そんなときはどうしたらいいのでしょうか。

まずは笑顔を心がけましょう。誰だってムスッとしている人より、ニコニコしている人に好感を持つものです。

教室や集合場所に行ったら、目が合った人や自分に気づいてくれた人に向かって笑顔で「こんにちは」と自分から挨拶しましょう。

そうすれば、向こうからも「こんにちは」「初めてですか？」などと返ってくるはずです。

そこで「ええ、よろしくお願いします」と言えば、会話は成立です。なんといっても、最初の笑顔が肝心なのです。

その笑顔は、はっきりと相手にわかるような明るいものでないといけません。自分では笑っているつもりでも、ただ微妙に表情を崩しただけに見えるようでは、笑顔の意味を成さないからです。

現役のときは、そんな表情もちょっとした威厳として受け取られたかもしれませんが、そのような面子《めんつ》やこだわりは捨てましょう。笑顔は相手の心の扉を開けるカギだと思って、恵比寿様のような屈託のない満面の笑みを見せるのがいちばんです。

また、**挨拶を交わしてお互いに自己紹介した相手の名前はしっかり覚えておくことが鉄則。**そして、次に会ったときに「○○さん、こんにちは」と笑顔で話しかけるのです。

誰だって、会ってすぐに自分の名前を覚えていてくれたらうれしいに決まっています。そこまでスムーズにいけば、もう一歩相手に近づくことができ、さらに打ち解けるきっかけもつかめるはずです。

素敵な笑顔を心がけるのと、人の名前をしっかり覚える。この二つを実行するだけで「地域デビュー」は成功し、あなたの周りには自然と人が集まってくることでしょう。

●近所の店だからこそ得られる心のぬくもり

「こまごました食料品はスーパーでもいいんだけど、野菜だけは近所の八百屋さんで買うことにしているの」

「刺身だけは2丁目の○○屋で買うことに決めているの」

あなたには、このように近所でひいきにしている店がありますか。もし、なんでもかんでも大型スーパーやデパートで済ませてしまっているのなら、大変もったいないことをしているかもしれません。

「だって、大型スーパーで買ったほうが安いでしょ」

「品揃えだって、大型店のほうが断然いいんだから」

こう反論されるかもしれませんが、そんな人は、近所の小売店にあって、大型スーパーにないものを考えてみてください。いくつかの答えが挙げられると思いますが、そのなかで最も重要なものは何でしょうか。

それは**「お店の人とのコミュニケーション」**ではないでしょうか。そのことを強く感じたHさん（67歳・女性）の体験談を紹介しましょう。

Hさんはひとり暮らし歴が長いので、自分なりに「ひとりでいること」に慣れっこになったつもりでした。しかし、パートの仕事も辞めて自分の時間がさらに増えると、さすがに「なんとなく人恋しいな」と思うことが多くなったそうです。

仕事をしていた頃は、美容院に行った翌日に、

「Hさん、すっきりしましたね」

などと声をかけてくれる同僚がいましたし、朝、眠そうな顔をしていれば、

「お仕事、家に持って帰ったんじゃないですか。濃いめのお茶を入れてきま

すね」

と気遣ってくれるスタッフもいたのです。

しかし、いざリタイアしてしまうと、職場ほど頻繁に人と顔を合わせることはありません。もちろん、趣味の友だちはそれなりにいますが、しょっちゅう会うわけではないし、こまめに電話をかける習慣もHさんにはありません。そのため、心の中にぼんやりとした寂しさを抱えながら、毎日をすごすようになりました。

そんなHさんの心に、陽だまりのようなぬくもりを感じさせてくれるのが、ひいきの店の存在でした。

Hさんは大の焼酎好き。好きな本を読みながらちびりちびりやるのが、彼女の日課でした。

といっても、飲むのはせいぜいコップに1、2杯。そこで、買い求める焼酎は、少し値が張りましたがお気に入りの銘柄にしていました。ただ、その銘柄が最寄りの大型スーパーにもコンビニにもなかったので、購入するときは隣町の酒屋さんまで足を運んでいました。

店の主人は無口で、話す言葉は「いらっしゃいませ」「〇〇〇円です」「ありがとうございました」と必要最低限です。愛想笑いをするわけでもなく、お世辞などまったく言ってくれません。

ですから、1カ月に1回は買い物をしても、Hさんにはこの店が「ひいきの店」という意識はありませんでした。

しかしある日のこと、Hさんが焼酎を買いに行くと、珍しく店主が、

「お客さん、具合でも悪かったのですか?」

と、ぼそっと声をかけてきたのです。

「えっ!?　いや、とくに変わりはありませんでしたけど……」

「いや、いつもより間がありましたから、入院でもなさったのかなと女房と話していたんですよ」

そう言うではありませんか。

とくに体調に変化はなく、お酒の量も減っていない、ましてや入院などした覚えのないＨさんは、店主の話の意味がわかりませんでした。しかし、少し考えて、すぐに合点がいきました。

先月、鹿児島旅行に行ってきた友人が、Ｈさんお気に入りの銘柄の焼酎をお土産に買ってきてくれました。それを飲んでいたので、店に来る間隔がいつもより空いてしまったのです。

そのとき、Ｈさんは心の中にポッと明かりがともったようなぬくもりを感じました。値が張るといっても、せいぜい３０００円程度の焼酎を月に１本買うだけのお客です。顔を覚えてもらうのがせいぜいと思っていたのに、買い物の間隔が空いただけで心配してくれた……。それも店主だけでなく、奥さんまで気にかけてくれていたということに、胸が詰まるような思いをしたのでした。

多くの人に囲まれて生活しているときは、「人に気にかけてもらう」ことなどあまり意識しないかもしれませんが、シニアの暮らしではこういったことがとても大切です。

もし近所に小売店があり、その店でも用が足りるのなら、足を運んでみませんか。ひいきの店が多いほど、心の通うコミュニケーションも増えるはずです。

●地域の知り合いをつくるにはそれなりの時間がかかる

高齢者と言われるようになって本当に価値を発揮するのは、徒歩圏内あるいはせいぜい自転車で行き来できる近所の友だちです。

子供の幼稚園、小・中学校時代のママ友はご近所友だちの宝庫。しばらくご無沙汰しているのなら、こちらからアプローチして会う機会をつくり、人間関係を温め直してみるのもいいでしょう。

ただし、子供や孫の進学先や就職先、結婚相手といった話題はできるだけ避けるか、触れるとしてもごくあっさりに留めたいところです。自分にはそのつもりはなくても、いわゆる「ランクが上」と感じる人に対して、そうでない人は内心傷ついたり、コンプレックスを抱いたりしがちだからです。

ずっとフルで仕事を続けてきた女性は、家ですごすのは朝と夜、それに休日だけ。定年前の男性がそうであるように、気がつくと、地域の友だちはおろか、気軽に挨拶を交わすような知り合いも近所にいない……という人が多いのではないでしょうか。

そうだとしたら、**そろそろ地域の知り合いをつくる努力を始めるといいと思います。顔見知りから始まって、親しい間柄になるまでには、やはりそれなりの時間を要するからです。**

ある女性は、市役所に隣接した公園で開かれる「市民祭り」のリサイクル市に参加してみようと思い立ちました。彼女はちょうど〝ミニ断捨離〟をしたところで、自分にはもう必要ないけれど、誰かが使ってくれたらいいのに、と思うようなものが次々と出てきたところでもあったからです。

初参加だったので、説明会に行ったときや現地で準備をしているときに声をかけてくれるベテランの先輩参加者がいて、２日間の出店中だけで何人もの知り合いができたそうです。

出品したものを買ってくれて話も盛り上がったり、実はご近所だった人と連絡先を交換したりするなど、一気に地域の知り合いを増やすことができたとのことです。

「これからもときどきこうした場に顔を出して、徐々に地域になじんでいければと思います」と話すその女性は、今では「市民祭り」以外の地域活動にも関心を向けるようになっています。

●長居するご近所さんにすんなりお帰りいただく方法

リタイア後は当然、それまでの仕事がらみの人間関係が希薄になり、そのぶんご近所さんとの関係が濃密になります。近所の人を家に招いて、話に花を咲かせる機会も増えるかもしれません。

そんな時間が楽しいのは間違いないでしょうが、こちらが予定していた時間が過ぎても、相手が「まだまだ話し足りない」と帰る気配がない場合は、ちょっと困ってしまいますよね。

ごく親しい友人なら、「ごめん、用事があるから、続きはまた今度ね」と気軽に言えるのですが、まだそこまで親しくないご近所さんには、どう切り出せば失礼にならないのでしょうか。

昔の京都では、長居をしてなかなか帰らないお客様がいるとき、「ぶぶ漬け（お茶漬け）でも食べておいきやす」と声をかけて、遠回しに「そろそろ帰ってほしい」という意思表示をしたそうです。

しかし、この方法はべつに「京都限定」というわけではなく、ほかにも応用できる、「気持ちを遠回しに表す」ヒントが隠されているようです。

「もう一杯、お茶どうですか？」「熱いものに入れ替えましょうか？」「今度はコーヒーにしますか？」というおもてなしの言葉も、裏を返せば「もうそろそろお引き取りを」という気持ちを表している場合があります。

たしかに何度も「お茶はいかが？」「コーヒーは？」と聞かれても、そう何杯も飲めるわけがないので、気が利く人なら「そろそろ失礼しなければ……」と腰を上げるはずです。

でも、なかにはまったく気づかない人もいるのです。

お客様が帰らないのを我慢してイライラするくらいなら、やはり、それなりの意思表示をしたほうが、今後の関係のためにもいいでしょう。

たとえば、アラーム設定や見せかけコール（電話がかかってきたように着信音を鳴らす機能）で携帯電話の呼び出し音を鳴らして、「はい、そうですか。それではお待ちしています」などと受け答えをし、「ごめんなさい。ちょっと知り合いが急な用事でいらっしゃるので、また今度にしていただけますか？」「お客様が見えるので申し訳ないですが、今日はここまでに」などと伝える方法もあります。

そんな面倒なことはせず、もっとストレートに表すなら、「ちょっと用事を思い出したので、すみません」「夕食の準備がありますので」「話し疲れて少し頭痛がするものですから」などと言っても、失礼には当たらないでしょう。

あるいは、自分も一緒に「家を出る用事」をつくってしまうことです。「タバコを買うのを忘れたので、近くのコンビニまで行かないと」「これからスーパーへ行きたいので、駅までご一緒しましょうか？」などと相手を誘いながら一緒に出かければ、嫌味にならずに帰っていただけるはずです。

何よりも明るい表情で「ごめんなさい」と口に出すのがコツで、笑顔をつくればつくるほど、大きなクッションになってくれるでしょう。

また、長居が予想されるお客様の場合は、家に上げる前に「○時には出かけますが、それまででよかったらどうぞ」「孫が遊びに来るので、○時までしか時間がないのですが……」といった具合に先手を打ってしまうのも賢い方法です。

これなら、先ほどいろいろと例を挙げた「意思表示」をするときにも、相手に遠慮なくできるでしょう。

●こんなタイプの人は地域に溶け込みにくい

リタイア後は地域とのつながりがとても大事になりますが、なかには「溶け込みたいと思っているのに溶け込めない」「溶け込もうとするほど、周囲から浮いてしまっている気がする」などと感じている人も少なくないようです。

あなたはどうでしょうか？　次の項目に心当たりがありませんか。

・人の話を聞くより、自分が話すほうが好き
・仕事人として優秀だった自分のことを知ってほしい
・自分が取りまとめれば、もっと事がうまく運ぶと思っている
・人に仕切られるより、自分が仕切るほうが性に合っている

「あ、ちょっと当てはまるかもしれない」と感じた人は要注意です。地域に溶け込むには、ある程度の努力が必要かもしれません。

これらの項目に共通するのは「自己顕示欲の強さ」です。

もちろん、自己顕示欲が強いことが悪いとは言いません。自分を押し殺して周囲に迎合しなくてはいけない、というわけでもありません。

ただ、**地域活動に参加し始めて日が浅い人にとっては、この自己顕示欲の強さがマイナスになりやすいのです。**

●「郷に入れば郷に従え」の大切さ

前項に当てはまる〝活動〟をしてしまったのが、エリートビジネスマンだったKさんです。

Kさんは、退職を機に都心のマンションを息子に明け渡し、自分は生まれ育った郊外の町に引っ越しました。子供時代はあちこちに雑木林があり、近くを流れる小川には魚がたくさん泳いでいるようなのんびりしたところでしたが、現在はベッドタウンとして開発が進み、すっかり近代的な町へと変わっていました。

しかし、町には小学校の同級生もかなり残っていて、そのなかの何人かは地域のリーダーとして活躍していました。

Kさんは昔からガキ大将タイプで、常に人の上に立つ存在だったので、彼

らに、

「K君も俺たちの仕事を手伝ってくれよ」

「そうだよ。Kなら頭は切れるし、何をやらせてもうまいからな」

と言われて、すっかりその気になったのでした。


しかし、最初の会合で大失敗を犯してしまいました。

お茶を飲みながらのんびりと進む議事に対して、

「みなさんは、『時は金なり』という言葉をご存じですね。ただ長いばかりの会議ほど無意味なものはありません。なんのビジョンも意見も持たずに会議に参加している人もいらっしゃるようですが、そういった方々は自分の時間を浪費しているだけでなく、相手の大切な時間さえも無駄遣いしていることを理解されているのでしょうか。

今日の会議はいったん中断し、次回までに簡単なレポートをまとめて各自発表するのはどうでしょう。そのほうが速やかに進むと思うのですが」

と発言してしまったのです。

彼が言っていることはたしかに正論ではあります。ビジネスマンとしては当然の意見でしょう。

しかし、残念ながらKさんはすでにビジネスマンではありません。地域の中では駆け出しのシニアなのです。

頑張らずにのんびりやっていこうという空気が読めずに高飛車な態度を取ってしまったら、地域に溶け込むまでにかなりの時間を要するでしょう。一度「偉そうな奴」というレッテルを貼られると、なかなかはがれないものです。

では、Kさんはどうすればよかったのでしょう。

言うまでもなく、ここは「郷に入れば郷に従え」という名言どおりにすべきでした。

●印象がよくなる頼み方

地域で生活していると、どうしても近隣の人に頼み事をせざるを得ない場面に遭遇します。そんなときは思いつきで動くのではなく、ベテランらしい知恵を働かせて頼むべきでしょう。

頼む側の言葉づかいひとつで、先方の思いは「しかたがない。やってあげよう」とか、「私がやらなかったら困るのだろう」、あるいは「なんで私がやらなければならないのだ」などと変わってきます。

頼み事をするときには鉄則があります。それが何かというと——。

「〜していただけますか?」「〜してもらえませんか?」という言い方にして、する・しないの判断は、あくまでも相手にゆだねることです。

「～してください」では、相手が無理強いされているように感じ、あまりいい気はしないでしょう。

また、他人に手伝ってもらいたい場合は、
「申し訳ないけれど、時間があったら手伝ってもらえませんか？」
「お忙しいでしょうが、手伝ってほしいことがあって……。お願いできますか？」
などと話すといいでしょう。

まず、「申し訳ないけれど」「時間があったら」「お忙しいでしょうが」などと言って、相手の都合を気遣うようにします。

「～してもらえると助かるのですが」という話し方もあります。やや消極的な頼み方のようですが、押しつけられるような言い方を嫌う人に対しては、これくらいのほうがいいかもしれません。

「○○を手伝ってもらえませんか？」

「○○を助けてほしい」

などと、してもらいたいことを具体的に伝える言い回しも有効でしょう。


そして、「しかたない」と、嫌々でも依頼を引き受けてもらえたら、

「ありがとう。本当に助かりました」

「やっぱり頼んでよかったわ。本当にありがとう」

などと、きちんとお礼を言葉にします。心からの感謝の言葉を添えれば、相手は気分がよくなるはずです。

郵便はがき

恐れ入りますが
切手を貼って
お出しください

112-0005

東京都文京区水道 2-11-5

明日香出版社

プレゼント係行

感想を送っていただいた方の中から
毎月抽選で 10 名様に図書カード(1000 円分)をプレゼント!

お名前《ふりがな》		
ご住所	郵便番号( )	電話( )
	都道府県	
メールアドレス		

* ご記入いただいた個人情報は厳重に管理し、弊社からのご案内や商品の発送以外の目的で使うことはありません。
* 弊社 WEB サイトからもご意見、ご感想の書き込みが可能です。

明日香出版社ホームページ https://www.asuka-g.co.jp

ご愛読ありがとうございます。
今後の参考にさせていただきますので、ぜひご意見をお聞かせください。

本書の
タイトル

年齢： 歳	性別：男・女	ご職業：	月頃購入

● 何でこの本のことを知りましたか？
① 書店　② コンビニ　③ WEB　④ 新聞広告　⑤ その他
（具体的には → ）

● どこでこの本を購入しましたか？
① 書店　② ネット　③ コンビニ　④ その他
（具体的なお店 → ）

● 感想をお聞かせください

① 価格	高い・ふつう・安い
② 著者	悪い・ふつう・良い
③ レイアウト	悪い・ふつう・良い
④ タイトル	悪い・ふつう・良い
⑤ カバー	悪い・ふつう・良い
⑥ 総評	悪い・ふつう・良い

● 購入の決め手は何ですか？

● 実際に読んでみていかがでしたか？（良いところ、不満な点）

● その他（解決したい悩み、出版してほしいテーマ、ご意見など）

● ご意見、ご感想を弊社ホームページなどで紹介しても良いですか？
① 名前を出してほしい　② イニシャルなら良い　③ 出さないでほしい

ご協力ありがとうございました。

●近所に家の鍵を預けられる人はいますか？

「遠くの親戚より、近くの他人」

昔から、いざというときに頼れるのは結局、隣近所の人なのだということはちゃんとわかっていたのですね。江戸時代の六軒長屋の名残りからか、向こう三軒両隣、つまり自分も含めて近所の六軒は「親戚も同様」と互いに助け、助けられる緊密な関係が保たれていたものです。

現代へと移り、少し前までは、近所づきあいはわずらわしい、個人のプライバシーを尊重し、必要最小限度のつきあいに留めるほうが望ましい、という価値観が定着していましたが、ここにきて、風向きがかなり変わってきているように感じます。

今後は〝ひとり老後〟が当たり前になっていきます。生涯をシングルで通す人も増えていくし、子供が独立し、夫婦のどちらかが先立った後も、ひとりでシャンと生きていく生活を選ぶ人も増えていくことでしょう。

「ひとり老後で最も不安なことは？」と尋ねると、異口同音に返ってくるのは「孤独死」という言葉でした。

人は誰でもひとりで生まれ、ひとりで死んでいくものなのです。それでも、死後、誰にも気づいてもらえないで、ずっと放っておかれるような最期はつらいですね。

その可能性をできるだけ少なくし、ひとり暮らしなりに人生の最期を――死んだ後のことも含めて――自分が望むように迎えることができないかと考える動きが最近は生まれていると聞きます。

それは「孤独死」ではなく、自立したひとりの人間として、尊厳のある最期ではないだろうか。そうした死であれば、むしろ人として当然の姿であり、みじめだとか寂しいと受け止める必要はない……。そうした死を「ひとり死」と呼ぼうというのです。

「ひとり死」に備えるためには、元気で頭もしっかりしている間にあらかじめ、「病気や老いが進んでひとり暮らしが難しくなったら、自分はどうしたいか？」を明確にしておく必要があります。

自宅で生活を続けたいのか、施設に入りたいのか。病が進んできたら、どこまで延命治療を受けたいのか。死後に知らせてほしい人のリスト。どのように葬られたいのか。できればお墓はこのように……。そんな、自分の希望を書いたノートなどを用意しておくといいでしょう。

そして、これをご近所の人に渡しておくか、自宅のどこにあるかをわかるようにしておきます。

つまり「ひとり死」を支えるのは、離れて住む家族ではなく、毎日のように顔を合わせるご近所仲間なのです。

この**「ひとり死」の準備のキーポイントは、まさに〝鍵〟です。**あらかじめ、自宅の鍵をご近所のどなたか親しい人に預けておくようにします。そのくらい、親しく信頼がおける知り合いを近所につくれるかどうかにかかっています。

さて、あなたには、そんなご近所さんがいるでしょうか？

晩年の少し手前でも、近所に鍵を預けておける知り合いがいると、体調を崩してどうにも動けないときや、うっかり鍵を失くしてしまったときなどに、本当に助かるものです。

最近の鍵は精巧にできていて、鍵を失くすと業者を呼んで開けてもらうしか方法がないのですが、それにはかなりの待ち時間と、出張費なども含めて少なくない費用がかかってしまいます。

「大丈夫、同じマンション内に親しい知り合いがいるから」という人は安心です。

「いやいや、鍵を預けるなんてとんでもない！」という人は、これを機会に少し考え直してみてはいかがでしょうか。

●覚えておきたい会話テクニック

「べつに人とつきあうのは嫌じゃないんだけど、もともと話すのが苦手だから、すぐに会話が終わっちゃって、その後、話が続かないんだよね」

このように会話下手を認めながら、

「でもやっぱり友だちは欲しいね。この年齢になったら難しいかもしれないけれど、この年齢だからこそ、友人は必要だと思う」

と、70代の男性から、なんとなく人とうまく打ち解けられない悩みを告白されたことがありました。

こういう人は、職場での人間関係を失った定年後の男性にとても多いようです。

仕事ひと筋に生きてきた男性に、いきなりユーモアたっぷりに話してとか、しゃれた冗談を言ってなどと求めても、それは無理というものです。

まして、会社では役職にあって、部下や取引先にいつも頭を下げられていたような人は、会話の端々にもプライドが顔を覗かせて、相手を引かせてしまうのかもしれません。

「それじゃあ、どうしたらいいの？」と聞かれたら、私なら「聞き上手になったらどうですか」とアドバイスします。

会話は話す人と聞く人がいて成り立ちますが、実は大部分の人が話を聞くより自分の話を聞いてほしい「話し好き」なのです。

たとえば、カラオケで「自分で歌うより人の歌を聞くほうが好き」という人が少数派であるように、たいていの人は「誰か自分の主張を聞いて理解してほしい。自分の話に共感してほしい」と思っています。

だから、**人の話をじっくり聞いてくれる人はとても貴重。聞き上手の人なら、友だちづくりのチャンスもぐっと増えるはずです。**

ただし、ただニコニコ話を聞いているだけでは聞き上手とはいえません。

では、どういう人のことを聞き上手というのでしょうか。

答えは**「相づちを打つのがうまい人」**です。

聞き方のなかで、いちばん工夫してほしいのが「相づち」なのです。


会話を軽快に進めるには、適切でテンポのいい相づちが欠かせません。ふつう、相づちというと「はい」「ええ」「そうですね」などが無難なパターンですが、これだけでは単調になりすぎます。

では、どうすればいいのでしょう?

たとえば、共感を示すなら「そのとおりですね」「なるほど」「もっともですね」「同感です」と言ってみたり、興味を示すなら「本当ですか」「それは意外ですね」「驚きました」などと表情を交えて関心度を表したりします。

「それからどうしたんです？」「その次が聞きたいですね」などと、**好奇心が伝わるような言い回しを使うとさらにいいでしょう。**

●「おうむ返し」で相手の気持ちを和らげる

前項の内容に加えて、もうひとつ覚えておきたいのが「おうむ返し」です。おうむ返しはうまく使うととても効果的です。

「昨日は電車に乗り遅れて散々だったよ」

という発言に対して、「あら、電車に乗り遅れたんですか」と言うのが基本的な「おうむ返し」です。

これをちょっとアレンジして少し共感を表したのが、「あら、電車に乗り遅れたんですか。それは災難でしたね」と言うパターンです。

相手の言葉をただ繰り返す「おうむ返し」は、相手の気持ちを和らげるのにも大変効果的です。しかも簡単ですね。

たとえば相手の機嫌が悪くて「まったく、最近は頭に来ることばっかりだよ」と言われれば、「本当ですね。頭に来ることが多いですね」と返し、上機嫌で「今日、美容院で5歳も若く見られちゃった」と言われれば、「5歳も若く見られちゃったんですか。いいですね。うらやましいです」と返します。

こうすれば、多くを語るより、相手の気持ちをふんわりと和らげることができます。

これは相手の投げた球を気持ちのいいテンポで受け取って、また投げやすい球を返すようなものなので、コミュニケーションをよくするにはもってこいの方法です。

●絶対にしてはいけない「話泥棒」

相手との会話のなかで、絶対にしてはいけないこともあります。

その最たるものが「話泥棒」です。

たとえば、相手の話を遮《さえぎ》って口をはさんだり、「それよりも、これ知ってる？」と話の腰を折ったり……。

さらには「つまりこういうことでしょ」と話をまとめたり、「話は変わるけど」と、人の話が終わらないうちに自分が主導権を握って話題を変えようとしたり……。

それでいて相手の話の腰を折ってしまったという〝罪の意識〟はまるでありません。

こんな人は、誰も相手になってくれなくなるでしょう。

聞き上手への第一歩は、まず相手への敬意とやさしさを持つことです。その意識があれば、コミュニケーション能力はどんどん高まっていくことでしょう。

●誰からも「いい人」と思われる必要などない

「Tさんは何をやっても器用で、さっとこなすでしょ。この前も町内会の議事録をお願いしたら、翌日には出来上がって驚いたわよ」

「そうそう、本当に頼りになるわよね。だから今年は花火大会のお知らせもTさんに頼もうと思うの。いいわよね？」

「Tさんならやさしいから、嫌とは言わないわ。大丈夫よ」


このように人から頼りにされるのは決して悪いことではありません。その人の社会的信用を物語ってもいます。

ただ、よくないこともあります。

それがなんだかわかりますか？

頼られた本人が、他人の期待に応えようと必要以上の責任を背負い込むことです。

誰でも「いい人」と思われたらうれしくなるし、誰かのお役に立てたら「よかった」と喜びを感じるものです。

しかし、誰にでも愛されて、誰からも「いい人」と呼ばれて喜ぶのは自己満足でしょう。ちょっと意地悪な言い方をすれば、「八方美人」になってしまいます。

それでも対外的な評価や周囲とのコミュニケーションが自分にとって大事な意味を持つ場合は、八方美人にでも十方美人にでもなって社交性を発揮してください。

ただし、現役を退いて第一線で頑張る必要がなくなったら、八方美人はもう卒業してもいいのではないでしょうか。

とくによろしくないのは「自分さえ無理をすれば済むから」とか「自分一人で頑張ればなんとかなる」という考え方です。なんでも自分で抱え込んで、犠牲的精神を発揮するのは日本人の悪い癖ですが、そんな無理が利くのも、せいぜい還暦までです。

60歳を過ぎたら他人の評価は一切気にせず、**自分に正直に、やりたいことには「イエス」、やりたくないことには「ノー」と言うようにしましょう。**

親から「人のことが第一で、自分のことは二の次でいい」と教えられてきたような人は、「人の頼みを断るなんて、悪くてできない」と考えがちですが、「できません」とさらりとかわすのも、シニアの知恵だと思います。

●福祉サービスを受けるのは「権利」と考える

個人の〝ご近所さん〟ではありませんが、自分の住む地域でおこなわれている福祉サービスについても知っておきたいところです。

日本全国どの地域の行政でも、シニアに対する福祉サービスを実施しています。その種類や内容は地域によって異なりますが、たとえば、ひとり暮らしのシニアには地域の公衆浴場の入浴が無料になる券が配られたり、食事の支度が困難な人にはお弁当が配られたりするサービスがあります。

これらのサービスは、自己申告によって受けられるものも多いので、サービスの対象になっているにもかかわらず、すべての人が漏れなく受けているわけではありません。

「何も、わざわざ頼まなくても」と、サービスがあることを知っていながら、積極的に受けようとしない人もいます。これは本当にもったいない話です。せっかく長年、税金を国に納めているのに、それによっておこなわれるサービスを受けないのでは、ただ税金を納めているだけになってしまいます。

また、**これらの福祉サービスを受ける人の数が少なければ、いつの間にか姿を消してしまう場合もあります。**利用者からしてみれば、「謙虚な気持ちで遠慮していただけ」なのに、行政からすると「必要のないサービス」とみなされてしまうのです。これでは、あとあと福祉サービスを受けたいと思うシニアのためにもなりません。

こうしたサービスを受けることを「施し」と考えてしまうと、どうもプライドが邪魔をして「べつに受けなくても大丈夫だから」と強がってしまいたくなりますね。

しかし、これを「権利」と考えたらどうでしょうか。特別な場合を除き、ほとんどの人が納税の義務を果たしているのですから、行政側にはそれに相当するサービスを還元する義務があるのです。

「義務を果たして権利を得る」と割り切れば、情けない気持ちや卑屈になる必要はありません。もちろん、遠慮も不要です。

福祉サービスの種類や内容については、居住している地域の区役所や市役所、各出張所などでも知ることができます。また、自分が住んでいる地域の民生委員に聞いてみるのもいいでしょう。やってもらえることは上手に利用して、楽しいシニアライフを送りましょう。

●民生委員さんは「困ったときに相談できる近所の人」

前項に出てきた「民生委員」についても説明しておきましょう。

町を歩いていると、門扉や表札など通りから見えるところに「民生委員」という表示がある家を目にしたことはありませんか。

「民生委員と書いてあるのは見たことがあるけど、何をしている人なのかは知らない」

こんな人も少なくありません。しかし、**シニアにとって民生委員は力強い味方になってくれる人です。**どんな役割を担っている人なのか知っておくといいでしょう。

民生委員は、地域のなかで住民の立場になって相談に応じたり、その要望を関係機関に伝えたりする仕事をしています。また、高齢者や障害者などへの訪問・支援なども行い、社会福祉に努める名誉職です。任期は3年で、都道府県知事が推薦し、厚生労働大臣が委嘱します。

こう書くと敷居が高く感じられるかもしれませんが、**「困ったときに相談できる近所の人」**という認識でかまわないと思います。

70代後半のK子さんは、ここのところ急に足腰の力が落ちてきたことを気に病んでいました。風呂に入ったとき、浴槽から立ち上がるのに難儀するようになったことがきっかけでした。

つい先日など、体はすっかり温まっているのに浴槽からなかなか出ることができず、やっとの思いで出たときにはのぼせてしまっていて、洗い場でしばらくじっとしていなければならなかったほどです。

「せめて、風呂場に手すりがあったら……」

そう考えたのですが、年金暮らしでは大工さんを入れるほどの余裕はありません。しかたなくシャワーだけを使っていたのですが、買い物先でばったり出会った民生委員の女性に近況を聞かれ、その話をしてみると、

「お風呂の手すりなら、市から助成金が出るかもしれませんよ」

と言って、さっそく申請の手続きをしてくれました。

そのおかげで、風呂場にはちょうどいい手すりが付き、出費も想像より少額に抑えることができました。

もし困っていることを口に出さなければ、手すりは付くことなく、もしかするとそのことで大ケガをしていたかもしれません。

もちろん、民生委員が何もかも解決してくれるわけではありませんが、少なくとも解決に向けて一歩踏み出す手伝いをしてくれるのは間違いありません。

第3章

親・子・孫がほどよい距離で暮らす知恵

●同居に「気遣い」は必要だが、「はっきり言う」のも大切

二世代、三世代からなる同居家族の数は、地方と都市部ではまだまだ大きな差がありますが、ここにきて、都市部でも親と同居する「若夫婦」の数が徐々に増えているようです。

その理由は、不況のため長年勤めても給料が上がらないことによる生活困難、また都市部の地価が高いため、自分たちの収入だけでは満足な住宅が購入できないこと、出産後も働く女性が増えたため、子供を見てもらえることなどです。

しかし、一緒に住む人たちの年代が違えば、食べ物の好みや生活スタイル、価値観も異なります。同居するにあたっては、お互いそのあたりをよく踏まえておく必要があるでしょう。

とくに高齢者が気をつけなくてはならないのが、「よいおじいちゃん」「よいおばあちゃん」を演じすぎて、ストレスを溜めてしまうことです。

たとえば、お嫁さんがつくった料理が口に合わなかったときは、ひと昔前の舅や姑さんなら、「こんなもの食べられん！」とか「作り直しなさい」と言ったでしょう。しかし今どきこんな文句を言ったら、息子に叱られるか、お嫁さんが実家に帰ってしまいます。

そうなることがわかっているだけに、味付けの濃いものを無理して食べたり、「食欲がないから」と嘘をついて、漬物や味噌汁だけで食事を済ませてしまう高齢者も少なくありません。

また、「手足が冷えやすいので、布団に入る直前に風呂で温めたい」と思っても、子供など家族が多ければ、それを言い出せず我慢してしまうお年寄りもいます。

高齢者の多くは「我慢は美徳」と幼い頃から叩き込まれていますから、「自分さえ我慢すれば丸く収まる」と言いたいことを飲み込んでしまう傾向があるのです。

しかし、我慢が限界に達すれば体調を崩す危険もあるし、不調がいっぺんに怒りとなって爆発したり、過度なストレスが原因で、精神的に「うつ」を発症したりする場合もあります。

さらに、お年寄りの遠慮を若い世代が負担に感じ、互いにストレスを溜めてしまうケースもあるのです。だからこそ、「こうしてほしい」「こんなふうにしたい」という気持ちがあるのなら、**腹の探り合いをするのではなく、とりあえず口に出してみませんか。**

もちろん、押しつけや強要はいけませんが、**提案や希望という形であれば問題ないでしょう。**話し合うことでお互いの理解を深められるし、一人で悩んでいたのが馬鹿らしくなるくらい、思いがけない問題解決の手段が見つかるかもしれません。

家族といえども、相手の心の中までは見えません。必要なことはきちんと口に出して伝えるようにしましょう。それが結果として解決に結びつかなかったとしても、**「言うべきことは言った」と納得できれば、ストレス解消につながるのです。**

●子や孫との上手なつきあい方とは

「うちはロックフェラー家と同じやり方にしているのよ」とケラケラ笑う明るい女性がいます。ロックフェラー家はアメリカ合衆国の名門一族です。

結婚しても仕事を続けたいという彼女は、夫と考えが合わず、若い頃に離婚。女手ひとつで二人の子供を育て上げた肝っ玉母さんでもあります。フリーのCMプロデューサーという広告関係の仕事をしていますが、仕事は山あり谷ありだそうです。つまり、ロックフェラー家のような富豪ではないことはたしかなようです。

では、何がロックフェラー家と同じなのかといえば、「成人したら、親のお金はアテにしないこと」だそうです。

彼女によると、ロックフェラー家では、子供は男性も女性も18歳になると家を出て自立することが家訓だそうです。大学はアルバイトや奨励金で卒業します。

生物の存在意義は、次世代に命を承継することにあるそうです。次世代に承継するとは、ただ子孫を残せばいいということではありません。ちゃんとエサを自分で取り、敵から身を守る技と知恵を教え込み、自立させる。その子はさらに次の世代に、その技と知恵を伝えていく……。

この連鎖が何億年も続けられ、豊饒な生命世界をつくり出したのです。人間も例外であってはならないはずです。

ロックフェラー家と「同じやり方」にしているという彼女は、「成人まで」を「社会人になるまで」と少しハードルを下げたようですが、子供が仕事を選ぶときも結婚するときも、孫が生まれてからも、お金や口を出しませんでした。子供には子供の人生がある、という考え方に徹しているのです。

これは、簡単そうに聞こえるかもしれませんが、なかなかできることではないと思います。

最近のシニアはいつまでも元気で、体力も精神力も、そして経済力も、ある程度持っている人が増えています。それは大いにけっこうなのですが、その力が子供や孫に注がれ過ぎているようにも感じてしまいます。

家人の友人に、共働きの娘夫婦の子供の面倒を見て、自分の時間を持てなくなってしまった人がいます。娘さんはいったん仕事を辞めていたため、保育園は待機中です。

前述したロックフェラー家をめざす女性ならば、「それでも仕事をしたいなら、自分の裁量で子供を預けるところを探しなさい」と突っぱねるような気がしますが、果たしてどうなのでしょうか。

ほかにも、息子がマイホームを買いたいと言ってきたので「しょうがないから頭金を出してやったよ」と言う人もいれば、「車を買ってやった」と言う人もいます。

こうした例のように、最近は、いつまでも息子、娘や孫にかまい過ぎる傾向が強いように思えてなりません。お互いにもたれ合う関係は、親にとっても子供にとっても、決していいはずがありません。

世話をしたり、お金を出したりすれば、つい口も出したくなるのが人情です。でも、息子や娘の家庭でのやり方や孫の教育方針などは、いくら親でも口を出すべきではありません。それが愛情だからといっても、結局、嫌われるのがオチでしょう。

親も子も、お互いに依存し過ぎない。だけど、緊急時やどうしようもないほど困ったときには、いつでも最大の味方になり、できる援助は惜しまない。

そんな関係がベストではないでしょうか。

ロックフェラー家をめざす女性を見習いたい点は、もうひとつあります。それが何かというと、子供や孫との楽しい時間を、いつも積極的につくっていることです。

たとえば、年に一度は息子と娘、そしてその家族全員連れ立って1~2泊の旅行に出かけます。誰かの誕生日には「ちょっと豪華めの食事会」を開いているといいます。これらはみな、彼女のおごりです。

「息子や娘それぞれの妻や夫、孫たち、みな何かの縁で家族になったのですものね。いつまでも楽しい家族でありたいなと思っているのよ」

私も老後に時間ができたら、家族全員が顔を揃えて楽しむ、そんな機会をどんどんつくりたいと思っています。

●「孫の人生」に責任を持つのは親か、祖父母か？

年を経て授かった孫のかわいさはひとしおで、それこそ「目に入れても痛くないほど」といいます。

でも、溢れる愛情に任せて孫を溺愛すると、子供夫婦に煙たがられたり、嫁との関係がまずくなったりする場合も少なくありません。

昔から「年寄りっ子は三文安い」といわれるように、祖父母に甘やかされて育った子供は、人に対する依頼心が強かったり、自立心が弱かったりする面があります。

とくに子供の教育に熱心な夫婦の場合、祖父母に対する依存を嫌う傾向が強いようです。

そこで思い出してみてください。

自分が初めて子育てをしたとき、義父母や実の両親が子育てに対して差し伸べてくれた協力の手を、すべて「ありがたい」と受け止めることができたでしょうか。

もちろん、そのほとんどが自分たちの子育てに役立つもので、大きな感謝に値するものだったでしょうが、なかには「あまり干渉しないでほしい」とか「自分の教育方針を押しつけないで」「よけいな口出しはやめて」などと感じるものはありませんでしたか。

もしそんな経験があったのなら、おそらく孫の親である息子、娘やお嫁さん（お婿さん）も同じように感じているのではないでしょうか。

そして忘れてはいけないのが、「孫のこれからの人生に責任を持つのは、あなたではなく、その両親」だということです。

ですから祖父母は、子育ての「コーチ」でも「監督」でもなく、困ったときや助けが必要なときに力を貸すことができる強力な「応援団」であると自覚することで、子育てに対する無用な摩擦や衝突を避けられるはずです。

この基本姿勢を忘れて、「こうしたら喜んでくれるはず」「これ（高額な品）をあげたら孫の笑顔が見られる」「こうすれば孫の将来に役立つ」などと思い込み、勝手な親切を押しつけると、善意から出たことでもありがた迷惑になりかねません。

その一時はよくても、後々の影響の責任をずっと取らなければならないのは、やはり子供の親だからです。

ですから、自分では小さなことだと思っても、

「こうすれば便利じゃない!?」

「これを〇〇ちゃんにあげてもいい？」

「何か手伝えることはある？」

などと声をかけてから協力すれば、思わぬトラブルは回避できるでしょう。

愛する孫だからこそ、教育方針や価値観の違いによって子供夫婦との間に不協和音を生まないよう、子育ての環境を風通しのよいものにすることが大切です。

●頼られるのはうれしいけれど、「家族の犠牲」になってはダメ

現代では出産しても専業主婦にならず、育児休暇を取った後、仕事を続ける女性が増えています。また、子供がある程度の年齢に達すると、アルバイトやパートとして再び働き出す人も少なからずいます。

働きに出る際には子供をどこかに預けなくてはいけませんが、日本ではそうした福利厚生がまだ十分とはいえず、保育園や託児所は数が多くないため簡単には入れないし、ベビーシッターに頼めば当然、それなりの料金が発生します。

さらに、持病のある子供を預かってくれる場所となると、かなり限られています。

つまり、母親が働く状況にはとても厳しいものがあるのです。

そんなとき、頼りにするのが自分たちの親です。孫からすると、おじいちゃん、おばあちゃんですね。

まだ仕事を持っていたり、自分で商売をやっていたりする人を除くと、高齢者は時間を持て余しているように見えるし、身内に預ければ安心なうえにお金もかかりません。

さらに「昼間は○○と○○を食べさせて」「お昼寝の時間は○時にして」「必ず散歩に連れて行って」などといった細かい注文もできます。

これがベビーシッターだと、ひとつ用事を頼むごとに追加料金が発生しかねません。つまり、働く女性にとって、小さな子供を遠慮なく預けられるおじいちゃん、おばあちゃんの存在は大変ありがたいものなのです。

仕事を引退した高齢者にとっても、家族のために何かできれば、それが生きがいになるかもしれません。かわいい孫との時間をすごしながら、息子や娘にも感謝してもらえるなら、両者がとても幸せな状態といっていいでしょう。

ただし、**無理は禁物です。**

「孫の世話は小さいうちだけ。何年も続くわけじゃないから」と、自分の生活や楽しみを後回しにする人もいますが、あなた自身も年を取っていくのです。いつまでも元気でいられるとは限らないし、そうこうしているうちに体調を崩し、老後の予定が狂ってしまうケースも少なくありません。

また、「おばあちゃんは子育てのプロ」などといいますが、自分の子供を育てていた頃とは体力がまるで違います。「遊んで」とせがんだり、大声を上げて泣いたり、あちこち走り回ったりする孫を追いかけるのがやっとで、疲れて目を離してしまう時間も増えるでしょう。

そう考えると、責任を持って子供を危険から守り切れるといえるでしょうか……。

祖父母が「子育てのプロ」というのは間違っていませんが、「託児のプロ」ではないことを覚えておいてください。

だからといって、「高齢者は孫を預かるべきではない」というわけではありません。自分の無理のない範囲で、あくまで「楽しみ」として預かるのなら問題ないでしょう。

そのためには、あなたの予定を相手に伝え、自分が疲れているときや用事があるときは、そちらを優先してかまいません。

祖父母はあくまでも「孫の応援団」。育児全般にまで責任を持つ必要はないし、「家族の犠牲」になる理由もありません。

●子供の自立こそが親子の本当の喜び

老後の三大リスクは「健康・お金・孤立」といわれます。

このうち、お金の不安を増大させる要因のひとつとして近年増えているのが「自立しない子供」。いわゆる〝パラサイト〟の子供です。

最近は、大学の入学式に親が同伴するのは当たり前。社会人の始まりである入社式にもついて行きかねない親がいるそうです。

少子化時代の今、一人か二人の子供を掌中の珠のようにかわいがる気持ちはわからないでもありませんが、子供を本当に「愛する」ことと、単に「かわいがる」ことに線引きできない親が増えているのは、同時に成熟できない高齢者が増えているのを示しているとしか思えません。

本当に子供を「愛している」のならば、親がすべき最大の仕事は、子供を自立させることでしょう。

テレビ番組などで動物の子育てぶりを見ると、どんな動物も生まれてきた子供に、厳しい自然環境のなかで「自分でエサを取り、危機管理をしながら生きていく術」を徹底的に教えています。

華麗で勇壮な毛振りのシーンで人気の歌舞伎舞踊の『連獅子《れんじし》』は、親獅子が子供の獅子を谷底に突き落とし、崖を這い上がってきた子の姿を見て子供の真の自立を喜び、親子で歓喜のあまり毛を振って踊るという筋立て。子の自立こそ、親子の本当の喜びだということを象徴する踊りです。

それなのに人間の親は……。なかでも日本の親ほど子離れができていない親は世界でも稀でしょう。

さんざん甘やかしてきて、親が老後を迎えて自分の生活で精一杯になったから「さあ、自立しなさい」と言ったところで無理というものです。**自立は**

急にできるほど、甘いものではありません。

子供が成人する前から、「自立する」ことの大切さと大変さをことあるごとに話し、二十歳になったら（遅くとも大学を卒業し社会人になったら）、実家を出て自分の力で暮らしていくのが当然だと教えていくべきです。

一人で暮らしてみて初めて、経済的なことは言うまでもなく、食事、掃除、洗濯、買い物、ゴミ出し、近所づきあいと、生きていくには実にいろいろな問題をクリアしていかなければならないと身に染みて理解するのです。

そうした体験から、今まで自分を育ててくれた親に対する感謝や尊敬の念も、湧き上がってくるはずです。

とくに、シングル女性に多い、いつまでも実家に住み、家事はすべて母親任せというスタイルは問題です。

休みの日に母娘連れ立ってショッピングやグルメを楽しみ、「姉妹に間違われちゃった！」と無邪気に喜んでいる様子は一見、なんの悩みもなく幸せそうですが、母娘とも大人になり切れない精神的な未熟さを感じてしまいます。

自分が老後のステージへ踏み出す第一歩として、まず断固として子供を突き放すべきです。親はいずれ、子供よりも先に逝く身です。子供の一生を丸抱えで面倒を見ることはできないのです。

できるだけ早い時期に子供を突き放すことは、何よりも子供の未来のためであると、しっかり認識しましょう。

●「孫べったり」は孫の将来にマイナス

「孫べったり」のおじいちゃん・おばあちゃんが増えているようです。

最近の幼稚園・小学校などは、入園式（入学式）、卒園式（卒業式）は言うに及ばず、運動会、学芸会なども、大きな会場を借りておこなわなければならないそうです。

というのも、一人の子供にパパとママ、複数の祖父母、さらにはシングルの伯母（叔母）さんまで多人数で参観に来ることが珍しくないからだとか。

正直に申し上げますが、私はこの話を聞いて、驚きを通り越して呆れてしまいました。孫がかわいいことはよくわかります。でも、そこまで孫にべったりという精神構造では当然、ふだんも大甘で、「じいじ、ばあばにおねだりすればなんでも叶う」「自分にはやさしくしてくれて当然」と思われてしまい、祖父母の存在は孫の教育にとって、むしろマイナスになるだけでしょう。

お金に関しても歯止めなしでは、決して子供のためにも孫のためにもならないと考えましょう。**クリスマスや誕生日は別として、ふだんは少額のものしか買い与えないようにしたいものです。**

最近の高齢者の孫とのつきあい方は、どう見ても過熱しています。幼稚園や小学校の行事は原則、親だけが参加し、祖父母は写真や動画を見せてもらうくらいの距離感がほどよいのではないでしょうか。

代わりに、親が忙しいとき、夫婦だけで出かけたいときなどに、ときどき孫を預かって話す時間をつくり、親にも言えない子供なりの悩みの聞き役になるのはいかがでしょう。

「この間、テストで54点取っちゃって、ママがすごく怒ったんだ」と孫が悲しそうな顔で言ったら、「そんなに気にすることないよ。内緒だけど、あなたのママだって小さい頃、それより低い点数を取ったことがあるんだから」と言ってあげる……。

このように、**孫と親のクッション役になることが祖父母の役割ではないでしょうか。親と同列の直接的な役割ではなく、あくまで間接的な役割です。**

教育費の援助については、個々で十分に話し合って決めればいいと思いますが、自分にはまだまだ長い老後が控えていることを忘れないようにしてください。ましてや、「ここで援助しておけば、この先、面倒を見てもらえるかもしれない」などといった交換条件めいた思惑の援助なら、しないほうがいいでしょう。

孫も子供たちも、それぞれの人生を自分の力で生きていくのが基本です。そのほうが、ずっとすっきりした親と子、孫とのつきあいになるでしょう。

●「親の人生」と「子供の人生」を混同しない

ふつうに考えれば、子供は大きくなればなるほど手がかからなくなるものです。そして成人を迎えたり、学校を卒業したりする頃には、社会的にも「一人の大人」として認められ、親も子育てから卒業できるはずです。

しかし現在、子供が30～40歳になっても、まだ「親業」をやめられないシニア層が増えています。というのも、「結婚しない」「結婚できない」男女が増え続けているからです。

主婦のYさんには、43歳になる息子さんがいます。Yさんは一日も早く孫の顔が見たいので、あちこちに声をかけてお見合いの相手を探してもらっていたのですが、何回お見合いをしても、あと一歩というところで決め手に欠け、結局はうまくいきません。さらに40歳を超えた頃から、お見合いの数も激減しました。

結婚に対して積極的になってくれない息子に対して、Yさんはイライラを募らせると同時に、「私の育て方がいけなかったのだろうか」「いつまでこの子の世話を続けなきゃいけないのだろう」などと落ち込むことが増え、ついには体調まで崩してしまいました。

さて、Yさんのように親業から卒業できず、悩みを抱える老親たちは、どうやって心の整理をつければいいのでしょうか。どうすれば沈んだ気持ちを軽くし、自分たちの老後を心軽やかにすごせるのでしょうか。

こうした問題でいちばん大切なのは、「子供はいつまでも子供ではない」と割り切ることです。

今のシニア世代には「働いて、結婚して、子供をつくってこそ一人前」という考え方が染みついています。

しかし、**現在の若い人たちの考え方やライフスタイルは変化していて、自分の家庭を持つという生き方に魅力を感じない人も増えています。**将来的には不安定というリスクを承知のうえで、ずっとシングルで自分のやりたいことだけを存分にやりたい……。そういう選択も珍しくありません。

そして、どう生きるかを決めるのは結局、子供たち自身なのです。たとえ親といえども、そこまで過度に干渉すべきではないでしょうし、最後まで責任が取れるものでもありません。

だからこそ、**子供が自分の「生活基盤」を固めて最低限の自立ができたら、それが子育て卒業のタイミングです。いつまでも世話を焼いたり、必要以上に口出ししたりするのはやめましょう。**

そうしないと逆に、子供はますます親離れのタイミングを失い、いつまでも親の目を気にし、お互いに依存し合う関係になってしまいます。

Yさんと同様に、なかなか結婚しない30代後半の娘に不安を抱えた主婦のRさんは、「もう孫はあきらめた」と、柴犬を飼い始めました。その愛らしさに、それまでの日々の不安や寂しさは一気に吹き飛び、「ああ、もっと早く犬を飼えばよかった」と思ったそうです。

ところが世の中、何が幸いするかわからないもので、娘さんが柴犬を散歩させていたときに、同じく愛犬家の独身男性と知り合い、年齢もそれほど変わらなかったせいか、あっという間にゴールイン。現在Rさんは、かわいらしい孫二人と愛犬に囲まれて、忙しいけれど幸せな毎日を送っているそうです。

縁とは不思議なもので、あきらめたと思った瞬間に状況が変わるケースも

あるのです。

いつまでも「私が親なんだから、最後までなんとかする（なんとかできる）」という思い込みは捨てるべきです。それは親の責任感としては非常に立派ですが、裏を返せば、親の傲慢でもあります。

子供の人生はあなたの人生ではないし、あなたの人生も、子供の人生ではないのです。「自分の子供といえども、もう大人。道を外しさえしなければよい……」と思えば、ずっと気が楽になるでしょう。

●孫を預かる「リスク」も知っておく

昔から「目の中に入れても痛くない」といわれるほどかわいいのが孫の存在でしょう。しかし、その気持ちのまま、安易にお孫さんの面倒を見るのがいいのかどうか……。時には改めて考えてみることも必要ではないでしょうか。

とくに共働きの夫婦にとっては、親は自分たちの生活をサポートしてくれるありがたい存在です。

何かといえば、「お母さん、今日は夜まで○○のこと、お願いね」「明日から出張なので2日間、面倒を見てほしいんだ」「日曜日は上の子のピアノの発表会だから、下の子を預かって」などと親を頼りにしがちです。

しかし、第一線を退いた高齢の親にとって、子（孫）育ては想像以上に重労働です。体を痛めたり、健康に悪影響が出たりする場合もあります。
それでも親としては「まったく頼られないよりはマシ」と、多少の無理をしてでも子や孫のために頑張るのですが、それがかえって子供たちを甘やかす結果にもつながるわけです。

もちろん、親子の仲がよく、孫の世話に手を貸すのは、決して悪いことではありません。でも、**よかれと思ってやっていることが若夫婦のためにならないというのも、実際問題としてあります。**

とくに親と「娘」夫婦の間柄では、お互いに依存しすぎない配慮が必要です。娘時代になんでもしてくれたお母さんのイメージが結婚後も残っていると、娘は遠慮なく家事や孫の世話を母親に任せて、自分は遊びに出かけてしまうなど、甘えたままの状態が続くようになります。
その一方で親も、娘をいつまでも子供扱いして、娘の子育てを手伝うことでその自立心を阻害する結果にもなるのです。

もちろん、孫の世話をすべて拒否する必要はありませんが、「お母さん、今日も○○ちゃんを預かってね」などと過剰に親に甘える習慣は、改めさせたほうがいいでしょう。

また、あまり考えたくないことですが、万が一、預かっている孫が高熱を出したり、椅子から落ちてケガをしたり、自分が運転している車の中で交通事故に遭ったりした場合、あなたにはその責任が取れるでしょうか。

日常的に、頻繁に孫の面倒を見るのなら、そうした「不測の事態」への対処法もきちんと話し合っておく必要があります。

さらに、幼児期以降になれば、教育方針や将来の進路をめぐって、子育ての方法や考え方そのもので意見が対立する場合も考えられます。

そうなると今度は、「そんな古い子育てはもう通用しないのよ」「あなたこそ、いつまでも子供っぽい考え方をしないで」などと口論が始まり、親心で預かったにもかかわらず、かえって親子の関係がこじれてしまうこともあるかもしれません。

いずれにせよ、孫の面倒を見るのなら、それなりの覚悟を決める必要があります。

しっかり話し合って、お互いに理解を深めておきたいところです。

●息子のお嫁さんに「自分」の姿を投影してはダメ

死に際を迎えたとき、男性の多くは妻に看取られて亡くなりたいと考えます。しかし女性の場合は、夫に看取られるよりも子供たちに看取られたいと考える人のほうが多いようです。

このことはさまざまに解釈できますが、やはり父親より母親のほうがお腹を痛めた分、自分の子供への思いが強いのかもしれません。

俗にいう嫁姑問題も、この母親の愛の深さが根底にあるケースが圧倒的に多いようです。手塩にかけて育てた息子が結婚して幸せな家庭を築いてくれるのはうれしいものの、それ以上に「大切な息子を嫁に取られた」という複雑な思いが強いと、そこには大きなストレスが生まれます。

「坊主憎けりゃ袈裟まで憎い」ということわざがあるように、嫁のひとことひとことが嫌味に聞こえ、一挙手一投足が癇に障ってしかたがありません。そして「どうして私の息子が、こんな女と結婚しなくちゃいけないのよ。まったく釣り合わない」といった不満が渦巻くのです。

それだけでも大変なストレスなのに、「追い打ち」をかけるのが息子の対応です。

たとえば、お嫁さんについて息子に意見したところ、「彼女なりに一生懸命やっているのだから、よけいなことは言わないで」「俺たちの生活に口を出さないで」などと嫁を擁護する答えが返ってきたとしましょう。

息子のためを思って言ったのに、母親としては見捨てられた気持ちになるのではないでしょうか。思わず「嫁と私とどっちが大切なのよ」と叫んでしまうかもしれません。

それは心の中に「自分は何があっても子供の味方。子供は何があっても親（私）の味方」という思いが無意識にあるからです。

少し落ち着いて、別の考え方をしてみましょう。

もしその場で息子さんが、母親と一緒になって「そうだよな」とお嫁さんの悪口を言ったとしたら、その場は丸く収まるかもしれませんが、これを聞いたお嫁さんとの関係は破綻してしまいます。だからこそ息子さんは「口出し無用」と言ったのでしょう。

母親は、息子のお嫁さんに「自分の姿」を投影して、「あれが足りない」「これができていない」「自分だったらこうするのに……」と文句を言いたくなりますが、当然のことながら嫁と姑は別人格です。

できることも考え方も、何もかもが違うのです。**伴侶を選んだのは息子さんなのですから、その事実をしっかりと受け止めてあげるべきです。**

子供が結婚して自分の世帯を持ったら、その家庭を守るのは当然のことです。「嫁に取られた」「息子がそそのかされている」などと考えると、それは離婚でもしない限り延々と続くわけですから、果てしないストレスにこっちが参ってしまいます。

そんなときは、**「息子は自分の家庭をちゃんと守れる立派な大人になった。育てたのは私なんだ」と息子の成長を誇りに思うようにしましょう。**

●「してあげた」「してもらった」が関係をギクシャクさせる

「この前、久しぶりに息子の病院を訪ねてみたんだよ。息子の病院といっても、元は私の病院だったんだが、少し前に譲り渡してね。隠居生活を楽しんでいたところ、インフルエンザが流行して、どこの病院も大忙しだと聞いたので、手伝ってやろうと思ってね。ところが息子は、『忙しいけど、年寄りの手伝いはいらない』と言いやがった。もう二度と手伝ってやるものかと思ったよ」

大先輩の元ドクターにこんな話を聞かされ、私はどう答えていいか困ってしまいました。なぜなら、この元ドクターのように、「自発的に何かをしておきながら、相手が自分の考えていたのと違う反応を示すと腹を立てるのは、シニアが孤独にならないために注意すべきことのひとつ」と、私がふだんから指摘していたことだからです。

しかし、それをストレートに言えば、大先輩の血圧を上げること間違いなしなので、「そうですか。親の心、子知らずですね」と言って退散してきました。


このように「〇〇してあげる（してやる）」という言葉が出てくるのは、「自分は年長者で、敬われる存在」という意識が強くなり、相手の気持ちや都合を考えられなくなっている証拠です。もっと厳しい言葉を使うなら、「驕り」の気持ちが強くなっている状態なのです。

「他人の助けになりたい」という気持ちは立派ですし、社会をよりよくするためにも欠かせません。でも、「助けになりたい」ではなく、「助けてあげる」と考えてしまうと、とたんに人間関係はギクシャクし始めるのです。

この大先輩も、「息子の病院を手伝ってやろうと思った」と話しています。もちろん、「助けになりたい」という善意からの行動だったと思いますが、突然訪問された息子さんのほうにも都合があったはずです。

すでに病院のトップとして働いている息子さんとしては、「スタッフの前で面目をつぶされた」とか、「父親のやり方は旧式で、任せると患者さんと父親の両方に迷惑がかかる」などと考えたのかもしれません。なにしろ医学は日々めざましく進歩していますから……。

その結果、大先輩は「善意がないがしろにされた」と怒り、息子さんは「放っておいてほしかった」と不満を持つ結果になりました。つまり、「〇〇してあげる」という気持ちが先行して、お互いにストレスだけが残ってしまったということです。

これとは逆に、「〇〇してもらった」という気持ちが強すぎるのもよくありません。

もともと日本人は、他人に助けてもらうのが苦手で、受けた恩義を負担に感じやすいところがあります、そのため、何かあるたびに「○○してもらった」と考えていると、どんどんストレスを溜めてしまうことになるでしょう。

人間は一人で生きているわけではありません。誰かを支え、また誰かに支えられて生きています。**できないこと、解決の難しい問題に直面したら、素直に助けを求めるべきで、そうすれば必ず誰かが助けてくれるはずです。**

それに対して感謝の気持ちを持つのは当然ですが、必要以上に恐縮することはありません。助けてくれた人の好意を素直に受け入れればいいのです。

「○○してあげる」「○○してもらった」という言葉が口から出そうになったら、このことを思い出して、気持ちや行動を修正してほしいと思います。

これは、親子関係ばかりでなく、ご近所さんや友人など、あらゆる人間関係に当てはまるのではないでしょうか。

●孫へのプレゼントの考え方

孫はかわいいものです。我が子には「厳しく育てなさい」と言いながらも、自分は顔がほころびっぱなしという人もいるでしょう。

そんなかわいい孫ですから、本人が何も言わなくても小遣いをあげたり、何か欲しそうにしていたらすぐ買ってやるなど、甘々じいちゃん・ばあちゃんが急増中です。なにせ、少子化で子供の数が少ないのですから、一人ひとりに注がれる愛情は自然と濃くなってしまいます。

しばらく前に、「シックスポケット」という言葉が広まりました。どういう意味だかわかりますか。

共稼ぎで夫と妻の2つの財布があることを「ダブルポケット」といいます。

それに加えて、夫の両親、妻の両親がせっせとお金をつぎ込むことを、大人6人のポケットの数を合計して「シックスポケット」と呼んだのです。

孫の喜ぶ顔見たさに、年金を切り詰めて何かを買ってあげる……。それは老後の楽しみのひとつかもしれませんが、孫にとっては「じいじ、ばあばは、なんでも買ってくれる人」となり、その要求は年を追うごとにエスカレートしていきます。

はじめは駄菓子ひとつで喜んでいた孫が、しだいに服が欲しい、ゲームが欲しいとなり、そのうちにお金を欲しがるようになって、金額も上がっていきます。

これが孫の成長によいとは思えません。客観的に見れば誰にでもわかることなのですが、いざ自分の孫となると見えなくなってしまうのでしょう。

ですから、**金品を与えるのはクリスマスや誕生日だけにし、それも予算を**

決めておき、その枠を超えないようにするといいかもしれません。

ふだん遊びにくるときは、一緒に散歩に出かけて、草花の名前を教えたり、図書館に行って自分が若い頃に読んだ本を教えてあげたりするなど、形のないちょっとしたプレゼントをしたらどうでしょうか。

金品は、そのときはうれしくても、すぐにありがたみを忘れてしまいます。しかし、形のないプレゼントは長く心に留まるものなのです。

●「外国人の嫁」だと思えば、大目に見てあげられる

久しぶりに会った友人に、

「うちの嫁は何を考えているのか、さっぱりわからないわ。まるで宇宙人みたいよ」

と愚痴を言ったところ、

「あら大変ね。うちなんか外国人の嫁ですもの。わからなくて当たり前だから、かえって気が楽だわ」

と応じられて、「なるほど〜」と納得した奥様がいましたが、この話には、嫁との間に問題を抱える舅や姑が心に留めておいてほしい人間関係のヒントがあります。

姑が嫁に対して持つ不満は、「だらしがない」「気が利かない」「要領が悪い」

といった生活態度や手際の悪さについてのものから、「あつかましい」「我がまま」「冷たい」など本人の性格に関するものまでさまざまです。

しかし、その不満のほとんどが、自分の考える「理想の嫁」像に照らし合わせて出てくるものなのではないでしょうか。

つまり初めから「うちの嫁ならば、これくらいはできて当たり前」「この程度の要求に応えられないのでは情けない」「私を常に立ててくれるはず」といった**高いハードルを設けて、その基準に達しないと不満に思うことが、嫁とのトラブルの原因をつくるのです。**

では、もし息子の嫁や娘の夫が、まだ日本語や日本の生活習慣をあまり理解できていない外国人だとしたらどうでしょう。

あなたは、「○○ができて当たり前」「○○は知っているはず」という先入観を持たず、もっと素直にその人を受け入れることができたかもしれません。

最初から外国人と接するつもりなら、「わからなくて当たり前」「知っているはずがない」が基準となり、ふつうなら不満に思う事態が起こっても「外国人ならしかたがない」「むしろ自分が協力してあげなくては」というふうに相手を許せて、ごく自然にサポート役を引き受けることができるのではないでしょうか。

「どうしても理解できない嫁は、外国人だと思え」というと極端に思えるかもしれませんが、要は**一つひとつの事柄に高いハードルを掲げて、いちいち目くじらを立てるのではなく、嫁の性格や行動全体を大らかに受け止めるようにすると**、摩擦の解消に役立つということです。

もちろん、話し合って日々の問題を解決できればいちばんいいのですが、「もうお手上げ」「とても我慢できない」と悩んだときには、この方法も思い出してみてください。

●「新しい親戚」との縁も大切に

正月やお盆の時期に故郷に帰るたび、本家に挨拶をしなければならないという人は意外に多いようです。

今でも地方によっては、あるいはその土地の名家や大家の出身だったりすると、何かにつけて、やれ本家だ分家だと、さまざまな決まり事があるのかもしれません。

こうしたことから、「親戚づきあいはわずらわしいもの」と決めつけて、逆に親戚づきあいをシャットアウトしてしまう人も増えています。

とくに、地方出身者が学生時代に都会へ出て、そのまま就職、結婚……といった場合には、両親のところへはともかく、故郷の親戚とはほとんど行き来なしになってしまうケースも少なくないようです。

もともと親戚が集まるのは冠婚葬祭のときぐらいかもしれませんが、最近は、その冠婚葬祭も簡略化が進んでいます。入籍の手続きだけという結婚も珍しくなければ、葬儀も「身内で済ませました」という挨拶状が届くだけのケースが増えています。その身内も、配偶者や子供、孫だけと、ごく近い関係者に限るケースもあります。

冠婚葬祭の簡略化も、ここまで進むとちょっと寂しい気がします。

親戚とはＤＮＡや、その家に流れる歴史・文化を共有する間柄で、いくら親しくとも友だちや同僚とは本質的に異なる存在です。もう少し大事にしないともったいないと思います。

とくに兄弟姉妹が少なくなった現在は、イトコやハトコなどの近い親戚と

は日頃からコミュニケーションを取り、ほどよい関係性を保っていたいものです。

娘さんと息子さんの二人を持つある先輩は、子供たちが結婚するとき、できれば自分たちの家の近くに住んでほしいと希望を伝えたそうです。

その思いは先方の親も同じはずですが、先輩の場合はたまたま、それぞれの相手が地方出身だったので、娘さんも息子さんも勤め先の関係から、東京郊外のその先輩の住まいの近くに新居を構えることに大きな支障はなかったようです。

今では、週末に娘一家、息子一家と先輩夫婦がよく一緒に食事をしているというし、それぞれの子供たち、イトコ同士も本当の兄弟姉妹のように仲良く遊んでいるとか。

娘、息子それぞれの配偶者の親や兄弟姉妹が遊びにくると一同で集まるため、それぞれの配偶者家族も含めた新しい家族関係ができているそうです。

新しい親戚は、新しい家族。こうした縁も大事に育てていきたいと思いませんか。

第4章

友だちづきあいには ちょっとした秘訣がある

●友だちに自分の意見を押しつけない

リタイア後の友だちつきあいでは、若い頃のように、自分の意見を相手に押しつけるのも禁物です。

長く生きていれば、自分なりの考え方や価値観が構築されています。それはすでに揺るぎないものになっているので、たとえ友だちに「君の考え方は改めるべきだ。○○のほうが絶対正しい」と諭されても、素直には従えないものなのです。

この年齢になって自分の考え方が間違っていたと認めるのは、まるで今までの人生を否定されるかのようで、なかなかつらいものがあります。これは「理屈」ではなく「感情」の問題です。

また、一方的に贈り物をしたり、飲食や遊興費をおごったりするのもいけません。たとえ相手が困っていても、少しくらいのことなら必要以上に世話を焼かないのも長続きの秘訣です。

「一方からあまり大きな重みをかけると、友情は破壊される」(ドイツの作家アドルフ・クニッゲの言葉)という名言があるように、どちらか片方ばかりが負担を背負ったり、引け目を感じたりするようではいけません。

「つかず離れず、バランスよく」

この点を肝に銘じておけば、友情は時間をかけて、より深いものになるでしょう。

●「男女一緒の活動の場」にも顔を出してみる

ひと昔前までは、「人間は年を取れば枯れていくもの」と多くの人が考えていましたが、超高齢社会に突入した今日では、そう思っている人は少なくなりつつあります。

とりわけ、いつまでたっても色気は大切です。なぜかというと――。異性に気持ちが動き、ドキドキするとき、体内では若返りのホルモンがたくさん出ているからです。**恋心こそ元気の素といえるでしょう。**

いい年になって、韓流スターや往年の映画俳優、はたまた娘や孫と一緒に若手アイドルに憧れ、テレビを見たり写真集を買ったり、コンサートに出かけたり追っかけをしたりするのも恋です。水泳教室の若くて格好いいインストラクターに少しでも声をかけてもらおうと、熱心に練習するのも恋のひとつです。

また、女性の多い老人施設に男性が新しく入居すると、女性たちはそれまでより和やかで華やかな様子を見せるようになるという話も聞きます。同性ばかりのときは無頓着でも、男性がいるとみっともないところは見せたくない心理が働くのです。

さらに、昔からゲートボールの盛んな地域は、医療費や国民健康保険の支出が少ないというデータもあります。

男女が混ざって遊ぶことで、お互いの気遣いや、異性に格好よく見られたいという積極性が心を若々しく保ち、服装や話す内容に頭をめぐらし、太陽の下で身体を動かす肉体的効果と相まって、よい結果を生んでいるのでしょう。

趣味の集まりやサークルなど、「男性のみ」「女性のみ」の時間をすごすのも気楽で楽しいものですが、**男女一緒の活動の場にも積極的に顔を出すのが、これからの高齢者のつきあいの理想といえるのではないでしょうか。**

社交ダンスでも、テニスでも、料理教室でも、シニアボランティアでも、自分に合ったものを探しましょう。要は男女が共に何かをすることが大切なのです。

男女一緒の集まりでは、どうしても異性の目を意識します。自然と身なりや振る舞いに気を配って嫌われないように、もっと好かれようとするのです。あるいは同性に対して「自分とあの人、どっちがきれい（格好いい）と思われているか？」とライバル心を燃やしたり、身なりの野暮ったさに気づいて反省したりすることもあるでしょう。

要するに同性だけでいるときよりも、異性もいるほうが相手に対して気遣いや思いやりを示すようになり、あるいは自分がどう思われているかについて、いっそう敏感になるということです。

たとえば、女性の場合なら、薄く口紅を塗って化粧をしたり、髪をきれいに整えて白髪を染めたり、いつもより華やかな色の服を着たり……。男性なら、髭をきちんと剃ってしゃれた服を身につけたり、曲がった背筋を伸ばして姿勢をよくするように努めたり……。

そして、お互いに勝手な我がままを言うのを控え、感謝やいたわりの言葉で接するでしょう。

そのような毎日をすごすと気持ちにメリハリが出てきますし、一人や同性だけですごすよりも格段に頭や身体を使うので、ボケることなく楽しく若さを保つことができるのです。

●もう勝ち負けにこだわらず、自分のペースで

社会人はエリートであればあるほど、毎日が戦いです。社外ではライバル会社との戦い、社内では出世争いという戦い、地位を守るための自分との戦いなど、ひと昔前の年功序列型の社会から実力主義の社会に変わったことによって、さらにその戦いは激しいものになっています。

競争社会に長く身を置いていると、常に「ほかの奴に負けるわけにはいかない」「気を抜いたら出し抜かれる」という、急き立てられるような思いが染みついてしまい、のんびり気ままにすごせるシニアライフを心からエンジョイできない人もいるようです。

こういった人たちは、地域の寄り合いの顔合わせの席でも、「ここでバカにされてなるものか」という気持ちが働いてしまいます。そして、「私は○○会社の取締役をやっておりました」「外資系の会社にいたので、英語はお任せください」などと、過去の栄光をひけらかしたがる傾向があります。

本人としては、「俺はそんじょそこらの爺さんとは違うんだ。どうだ、まいったか」というつもりで話しているのかもしれませんが、聞かされたほうは、「なんだか面倒くさそうな人だな」くらいにしか思っていません。張り合う気持ちなどまったくない人たちに向かって闘志をむき出しにしたのでは、「面倒な人」と思われてもしかたありませんね。

シニアライフには上司やライバルはいないし、必死になって守らなくては

ならない地位もありません。

いろいろなしがらみから放たれて、晴れて自由の身になったのですから、もっともっと肩の力を抜いて、自分のペースで人生を楽しめばいいのではありませんか。

●「誰とでも対等に」が老後の人間関係のお約束

年を取ってから「友だちの輪」を広げようとするときに、心に留めておいてほしいことがあります。

それが何かというと、「嫌いな人」をつくらないようにすることです。

「誰が、好きこのんで嫌いな人などつくるものか」と言われそうですが、働き続けてきた人は、無意識のうちに人間関係を敵味方で分けたり、「あの人よりこの人のほうが上だ」と、上下関係のバランスで見たりしがちです。あるいは「対等の関係」というのが苦手なのかもしれません。

そして自分よりも格下だと判断したり、生意気と感じたり、好ましく思わない人に対しては口調がきつくなったり、上から目線になったりするものです。

こうした態度が目立つようになると、しだいに浮いた存在となり、「あの人はどうも苦手だ」などと陰口を叩かれるようになるわけです。

また、**年齢を重ねると、感情のセーブができにくくなる**のをご存じでしょうか？　ちょっとしたことで大きな声を上げてしまったり、イライラがいつまでも続いたり、自分が話すのに夢中で人の話を聞かなかったり、細かいことにこだわって譲れなくなったり……。

まだ現役の方は「自分はそんなことしないよ」と思われるかもしれませんが、若い頃と比べて、最近思い当たる節もあるのではないでしょうか。

さらに、社会人時代に「やり手」と呼ばれてきたような人たちほど、自分と相手の意見が食い違ったときには、どちらが正しいか白黒をつけたがる傾向があります。

自分が絶対に正しいと思い込んでいるため、「私が間違っていました」と相手が認めるまで、自分の意見をまくし立てるのです。

ひどいときには、議論の正しさよりも「自分が勝つか負けるか」にこだわって、無理やりにでも相手を論破しようとします。

これでは地域社会や趣味のサークルといった、老後のコミュニティの中では、相手からも周囲からも煙たがられて当然でしょう。

では、そうならないためにはどうしたらいいのでしょうか。

できるだけ相手のいいところに目を向け、悪いところについては「見て見ないふり」をする努力が大切です。

世の中にはいろいろな人がいますが、「本当に嫌な人」というのは案外少ないものです。「あいつは嫌な奴だ」と自分が思い込んでいるだけ、些細な理由で自分が苦手意識を持っているだけ——というほうが圧倒的に多いのです。

そしてあなたが苦手に思っていることは、必ずといっていいくらい相手にもなんとなく伝わります。逆にこちらから「あなたに親しみを抱いています」という態度で接すれば、たいてい相手もこちらに好意を示してくれて、友好関係が深まっていきます。

老後の人間関係は「誰とでも対等に」で、何より心地よいものにしたいですね。せっかく手に入れた新たな人間関係がストレスに変わらないよう、できるだけ広い心で周りと接するようにしましょう。

●老後の人間関係は「つきあいの深さ」が大事

私たちは多くの人に囲まれて暮らしています。無人島生活でもない限り、人は人と出会い続け、その数は年齢に比例してどんどん増えていきます。

若い頃は、知り合いや友だち、取引先の多さが勲章のように思えて、できるだけたくさんの人とつきあいたいと思うかもしれませんが、年齢を重ねると、これまで同様というわけにはいきません。

時間やお金の問題はもちろん、体力も気力も、若い時分と同じではないからです。

だからこそ、老後の暮らしを迎えたら、人間関係にも整理が必要です。

基本的には「数より質」で、「つきあいの深さ」にシフトチェンジしていきます。現役時代と同じように、忘れられないようにあちこち「顔を出す」

ような人間関係からは卒業し、本当に大切な人、長くつながっていたい人とのご縁をより深くしていきたいものです。

わかりやすい例として、年賀状のやり取りについて考えてみましょう。

社会人として活躍していたときは、親類や友人のほかに、仕事関係の人からも数多くの年賀状が届いたことでしょう。

しかし、定年退職後もそれらすべてに応えていくのは大変です。2025年用の年賀はがきは値上がりして85円になりました。いくら100円以下だからといって、数が多くなれば金額的にも馬鹿にならないでしょう。大量の印刷をまとめて注文しているのなら、なおさらです。

だからといって「会社を辞めたら、会社や取引先がらみはさっさと〝年賀状じまい〟すべき」などと、乱暴なことを言うつもりはありません。

ただ、いかにも儀礼的で、印刷された文面にひとことも手書きの挨拶が添えられていないような相手については、翌年の「年賀状を出す人リスト」に入れるかどうかを考え直してもよいということです。

同じようなことは自分が出す年賀状にもいえます。

たとえば、印刷した年賀状に何も書き添える気持ちにならない相手は、おそらくその後、人間関係が「発展」する可能性は低いでしょう。ここは思い切って、年賀状を「出す人リスト」から外してしまってもいいのではないでしょうか。

だからといって、「何人もリストから外してハガキ代が浮いた」「書く時間が節約できて助かった」で終わりにしないことです。

リストに残った人たちは、**「今後もつながっていきたいご縁の人」**というわけですから、浮いた時間やコスト、労力のすべてとは言いませんが、一部分だけでもよけいに時間を割き、より丁寧な対応をしたいものです。

これまで、いろいろ忙しくて「今年もよろしく」とひとこと添えるのが精一杯だったら、「定年を迎えて時間に余裕ができました。今年こそ、一緒にお食事したいですね」「暖かくなったら、温泉にでも行きませんか？」などのように、**きちんとその相手に届くメッセージを書き込んでみる**のはいかがでしょうか？

「今年もよろしく」だけでは、手書きといえども儀礼的な印象になりますが、自分なりの言葉が添えられていれば、それを読んだ相手は「○○さんとのおつきあいはこれからも大切にしたい」と思ってくれるはずです。

●自分のことよりも他人のことを優先してはいけない

バブル景気の全盛期に『「NO」と言える日本』という本がベストセラーになりました。当時、ソニー会長の盛田昭夫氏と衆議院議員の石原慎太郎氏によって執筆されたもので、アメリカ企業のビジネス方法に批判的な目を向けると同時に、日本は他国に依存しない態度を取るべきだという主張が展開されています。

内容はさておき、この『「NO」と言える日本』というタイトルは、「日本人は、はっきり『NO』と言えない」という海外（とくにアメリカ）の批評を逆手に取ったものでした。

この本が出版されてから40年近くが経ちましたが、日本人はいまだにはっきり「NO」とは言えないようです。相手が外国人ではなく日本人、しかも親しい間柄であってもそれは同じで、たとえば誰かから頼み事をされて、心の中では「あまり気が進まないな」「できれば断りたい」と思っても、はっきり「NO！」と口にできないのです。

大切な用事や約束があれば別でしょうが、断る理由が「ほかにやりたいことがある」程度の場合は、おそらく渋々でも「わかった」「やってみるよ」などと応じてしまうのではないでしょうか。

これは、自分がやりたいと思っていたことと相手の頼み事を比べて、後者のほうが重要性が高いと判断したために出した結論です。**日本人は、「自分のため」に何かをするよりも、「他人のため」に何かをするほうが尊いと考えやすく、自分の「やりたいこと」は後回しにしがちです。**

もちろん、この考え方には素晴らしい面もあります。日本人全員が「自分のことが最優先」と考えていたら、大きな災害が起きて誰かが困っていても、手を差し伸べる人がいなくなってしまいます。

しかし、日常の生活では、そこまで自分のことを後回しにする必要はないと思います。**心のバランスの面から考えると、「自分のやりたいこと」を我慢しているとストレスが溜まり、感情が波立ちやすいのです。**

こんな状態が続けば、誰かが「助けてほしい」というＳＯＳを発していても、いずれは素直な気持ちで手を貸すことができなくなってしまいます。

実は、**「自分のやりたいこと」をやるのはとても大切で、**平常時なら、それを理由に人の頼みを断っても罪悪感を覚える必要はありません。

こんなときは「申し訳ないけれど、その日は都合が悪いんだ」とか「明日はやらなくちゃいけないことがあって」というように、漠然とした理由を告げれば十分です。

このような断り方をすると、「不親切な人だ」「頼りがいがない」などと思われるのではないかと気にする人もいるでしょう。

でも、**人から頼み事をされた場合、あいまいな断り方――心理学の世界では「無罰型（誰にも非がないとする）の断り方」と呼びます――をするのが最もしこりを残さないことがわかっています。**

これに対し、相手に悪感情を残しやすいのは「もっと早く言ってくれないと無理だよ」「ほかの人を探すべきだね」といった「他罰型（相手に非があるとする）の断り方」です。

「良い加減」の人間関係を保つために、ぜひ覚えておいてください。

●「昔の友」は「今の友」

仕事仲間のひとりが北海道土産を届けてくれました。話を聞くと、学生時代の友だちと〝北海道デート〟を楽しんできたといいます。

彼女は40代でバツイチとなり、一人息子は独立し、仕事も定年退職。現在は週に2、3回、私の仕事を手伝ってくれています。

「ようやく少し時間ができて、ふと考えてみたら、以前あんなに親しくしていたのに、ずいぶんと会っていない〝元友〟がいっぱいいることに気がついて……」

というわけで、そうした友だちに電話をかけてみると、しばらく連絡が途絶えていた空白の時間が消え、親しさもよみがえってくることが多いといいます。

なかでも札幌の友だちは、学生時代に日本各地を一緒に旅行した間柄だそうで、電話をすると、あっという間にその思い出話となり、お互いに「なつかしいわねぇ」「時間が経つのはホント早いわ」を連発し合ったそうです。

その友だちは結婚以来、札幌近郊に住んで、3人の子供を育て上げました。その後は96歳まで長生きしたお姑さんの晩年の介護をし、最期を看取って、やっとひと息ついたと思ったら、昨年からご主人が認知症になり、今はご主人がデイサービスに行っている間だけが自由な時間なのだそうです。

不思議なもので、さんざん長電話をして十分おしゃべりしたら、お互いに「やっぱり顔を見たいな」と思うようになりました。

とはいえ、友だちは前述のような事情を抱えていて、ご主人をデイサービスに送り出してから札幌の中心部に向かい、また、デイサービスから帰るまでに帰宅していなければならないので、二人ですごせた時間はたった3時間。3時間のために彼女は東京から飛行機で往復してきたのです。
「年金がベースの暮らしにはちょっとハードルが高かったけれど、友情には変えられないと腹をくくったのよ」
彼女が札幌の友だちと会うのは、なんと20年以上ぶりだったそうですが、そのときほど楽しい時間は近年なかったといいます。そして、それからは電話やメールで昔に劣らないくらいの親友づきあいが復活したそうです。

まさに「昔の友は今の友」。幼なじみまでさかのぼれば、誰でも友だちの〝源泉〟は、今のあなたが想像する以上に豊かなものなのではないでしょうか。

そんな「昔の友」とのつきあいを積極的に掘り起こしてみてはいかがですか。

●真の友、ほどよい距離の友

「人生は寂しいもの。まして老いるにしたがって、寂しさの足音はいっそう大きくなります」

といったことが単行本や週刊誌ばかりか、テレビやラジオでも言われたりしています。そして、こう付け加えることが少なくないようです。

「寂しい人生にならないように、友だちづくりに励みましょう」

たしかに友だちは人生の宝物です。と同時に、たくさんいればいるほどいいと思いがちです。

ところが、人間関係はひとつ間違えるとストレスの最大の原因にもなります。精神科での訴えで最も多いのは、実は「人間関係がうまくいかない」「人間関係がわずらわしい」といったことなのです。

仕事をしている間は、「あの人はどうも苦手だなあ」と思うような人ともうまくやっていかなければなりませんでした。「ならぬ堪忍、するが堪忍」などと何度も自分に言い聞かせたりしたかもしれません。

そうした、苦しい人間関係から解放されると考えただけでも、リタイアの日が待ち遠しく思えたことでしょう。

人生も後半期にさしかかってきたら、心の負担になるような人間関係は徐々に整理していってみてはどうでしょう。友だちは量より質、若い頃より体力も気力も残された時間も少なくなってきたのですから、なおさらです。

黙っていても心が通い合う、そんな友人とともにすごすのは、まさに至福の時間。何も特別なことがなくても、リラックスして心が豊かになります。

時間を調整してまで会うのは「また会いたいなあ」と心から思える人だけ、

と決めてしまった人がいます。

かなり顔が広く、人づきあいはいいほうだと自認していたそうですが、改めて心から「また会いたいなあ」と思える人を数えてみたら、ほんの3、4人。意外に少なくてびっくりしたそうです。

しかし誰でも、真の友だちはこの程度の数ではないでしょうか。

だからといって、それ以外の人とは「もうつきあわない」と心を閉ざしてしまう必要もありません。そういう人とは深く関わることをやめればいいのです。突っ込んだことは尋ねない。尋ねられても適当にかわす……。

こうしてお互いの距離感を上手に調整して、つかず離れずといった程度でつきあっていけばいいのです。

「深く心を通わせ合う真の友」と、「その時々で、にぎやかにおしゃべりを楽しんでつきあうだけの友」というわけですね。

人間関係を適度に使い分けるというと、嫌味に聞こえてしまうかもしれませんが、友だちにもいろいろあると考えればいいではありませんか。

互いに深い関わりを求めない、ほどよい距離感で人とさらりとつきあうのも、それはそれで楽しいもの。それが大人のつきあいかもしれません。

●ほどよい間隔で会うのがシニアの人づきあいのコツ

中国の古典『荘子』には「君子の交わりは淡きこと水の如し」という一節があります。「教養や徳のある人は、他人とのつきあいはサラッとしている」といった意味合いでしょう。

シニア世代の人づきあいを考えるとき、この言葉ほど言い得て妙と思えるものはありません。

親しくなった人とはちょくちょく会いたいし、会えば会ったで、つい長々と話し込んでしまうものです。お酒の席でいえば、ひとしきり飲んだ後、「河岸《かし》を変えようか」となり、「カラオケでも行くか」「もう一軒、飲み直そう」などと二次会、三次会へと繰り出すといった流れは多くの人の見聞するところでしょう。

楽しい時間というのは、あっという間に過ぎてしまいます。でも、いくら楽しいからといって、相手をズルズルと引っ張ってしまうのは、やはり考えものです。

人づきあいは、「もう少し一緒にいたい」といったあたりでお開きにするのが理想です。それが年を重ねた人の知恵というものでしょう。

会う頻度にしても、毎日となれば、どんなに親しい相手だったとしても、遅かれ早かれ負担に感じるようになってしまうはずです。

「そういえば、しばらく会っていないな」と思ったあたりで連絡をするくらいでちょうどいいのではないでしょうか。

そうすれば相手からも、「私も連絡しようと思っていたところで……」といった、うれしい言葉が返ってくるかもしれません。

●「察してほしい」気持ちが強まると、自分が苦しくなる

「喉が渇いたな」と思ったときに、すっとお茶が出てきたり、外出先で「暖房の温度がちょっと高すぎる」と感じたときに、誰かが気づいて設定を変えてくれたりするとうれしいものです。

日本人はもともと慎み深いパーソナリティを持っているため、自分の欲求をそのまま口に出して求めるのは、どこかはしたないというか、浅ましいと感じてしまいます。だからこそ、何も言わなくても他人がそれを察して動いてくれると、とても心地よく思います。

しかし、だからといって「察してほしい」気持ちが強すぎるのはよくありません。なぜなら、血を分けた親子や兄弟でも、あるいは長年連れ添った夫

婦でも、相手の気持ちを完全にくみ取ることなど、所詮はできないからです。

こんな例があります。

夫に先立たれた70代の女性が、別に世帯を構えている息子夫婦の家に遊びに行ったとき、将来の自分の介護が話題にのぼりました。すでにひとり暮らしの心細い状況ですが、女性はお嫁さんに向かって、

「私のことは心配しなくて大丈夫。身体が動かなくなったら施設に入るつもりよ。みんなに迷惑をかけたら申し訳ないもの。どこかいい施設を見つけなきゃ」

と気丈に話しました。

実はそれは本心ではなく、そんなふうに言えば、お嫁さんも言葉の裏の意味を察して「いいえ、お義母さんの介護はできるだけ私たちが……」などと言って安心させてくれると期待してのことでした。

しかし女性の思惑は外れ、お嫁さんは「そうなんですか。わかりました」

と答えたとか。さらに数日後、お嫁さんが何社かの施設のパンフレットを持って義母の家を訪ねてきました。お嫁さんは、義母の「どこかいい施設を見つけなきゃ」という言葉を額面どおりに受け取ってしまったのです。

ひょっとしてお嫁さんは、義母の真意を察しながらも、「そのほうが自分たちに都合がいい」と考えて、わざと気づかないふりをして既成事実化しようとしたのかもしれません。

このように、**言葉の裏の意味を考えてほしい、何も言わなくても自分の気持ちを察して望むとおりにしてほしいというのは、とても難しいことなのです。**

年齢を重ねると、しだいに気力も体力も衰え、相手の気持ちを思いやる余裕が少なくなり、逆にこれだけ苦労してきたのだから「思いやってほしい」「察してほしい」という願望が強くなりがちです。

けれども、**自分の気持ちはまっすぐ相手に伝えないと、届かないことのほうが多いのです。**それが頼みにくいこと、相手に負担をかけると思われることなら、なおさらです。

とくに、年代の異なる人に「私の気持ちを察して」というのは、かなり難しい要求です。育った環境や価値観、人生経験も大きく異なるのですから当然でしょう。

「察してほしい」気持ちが強まれば強まるほど、「察してもらえない」ストレスが生まれて、よけいに自分が苦しくなります。それが相手に対する不満や怒り、憎しみに変わってふだんの態度に表れ、負のスパイラルを招いてしまうかもしれません。

まだ何も本心を伝えていないにもかかわらず、です。

そうならないためにも、**本当に伝えたいことはストレートに言葉にしましょう。**たとえ断られたとしても、言葉を濁して伝わったか伝わっていないか、いつまでも悶々とするよりは、よほど使うエネルギーが少ないのではないでしょうか。

とくに若い世代とのコミュニケーションは、そのほうがうまくいく場合が多いのです。

●「細く長く」の良いおつきあいを自ら考えてみましょう

生活スタイルが大きく変わる定年後は、友人との趣味のつきあいの形や頻度も現役時代とは異なってきます。

あるお宅では、これまでご主人がゴルフクラブで月２回のプレイをし、奥さんが２カ月に一度の国内旅行を楽しむという習慣が定着していました。

しかし、収入が少なくなる定年後は、もう少し節約にも努めたいと考え、趣味の活動を控えめにすることに決めました。

生活も遊びも、パワフルにこなしていくには体力が少し不足気味になっています。夫婦は、お互いの趣味の会のメンバーにも了承を得て、自分たちの活動を少しスローダウンさせようと思ったのです。

本音は、せっかく知り合いになったメンバーとは今後も仲良くしていきたいけれど、従来どおりの会の運営スケジュールでは、経済的にも体力的にもちょっとついていけない……。

ただ、これをそのままメンバーに伝えると、「自分だけ好きなペースで参加させてほしい」といった自分勝手な印象を与えてしまうかもしれません。

同じような悩みに直面した夫婦でしたが、ご主人が逆転の発想で**「そろそろ特別扱いもいいもんだ作戦」**というものを考案。奥さんが、パソコンに向かって何やら文章を打ち込み始めたご主人の手元を見ると、それはクラブへのお願いのメールでした。

〈クラブメンバー各位

当クラブに入会してから10年にわたり、皆様方とゴルフを通して楽しさを分かち合ってまいりましたが、老年期となって、楽しみ方に少しアレンジを加えさせていただきたいと思います。

体力的な衰えが目立つ昨今、月に2回のラウンドは足腰への負担が大きく、さらにリタイア後の身には経済的負担も大きいため、勝手ながら今後は月1回の参加とさせていただけないでしょうか。

我がクラブには、すでに4人の定年メンバーが在籍しているので、私のような希望を持つ者のため、クラブ内に『シニア部』を設けていただけるよう併せてお願いいたします。

これまでメンバーの皆様と温めてきた友情を絶やすことなく、健康なシニアスポーツを楽しむために、細く長く、いいおつきあいのできるシニア部の設立にぜひ力をお貸しください。〉

今の心境を素直に表現したご主人のお願いはクラブ内で認められ、ほかのシニアメンバーの大歓迎を受けたといいます。

「所変われば品変わる」のことわざどおり、環境や時代の要求に応じて、社会も組織も少しずつ変化していくものです。

シニア世代が、新しいルールやコミュニケーションの方法を自らつくっていくのは、とても頼もしいことだと思います。

ここでは、たまたまご夫婦の話になってしまいましたが、もちろん〝ひとり老後〟の方にも当てはまることです。

●こんな気遣いなら、相手も負担にならない

ネガティブな言葉を使ったり、ネガティブ思考に陥るのは、「百害あって一利なし」と断言してもいいでしょう。

しかし、ボジティブな考え方が万能で、「一害もなし」というわけではありません。

たしかにポジティブに考えたほうが気持ちが明るくなりますし、元気も湧いてきます。悲しい思い出や先の見えない不安にとらわれて落ち込むよりも、よほどいいでしょう。

でも、それは自分自身に限った話で、頼まれてもいないのに周囲にやたらポジティブ思考をばらまこうとすると、迷惑になることがあります。

親しくしていた友人が亡くなり、落ち込んでいる人がいたとしましょう。長年連れ添ってきた配偶者を失った場合もあるでしょう。

こうした**喪失体験はシニアの身の回りでよく起こり、老人性うつの引き金になる**といわれていますから、できるだけ早く立ち直ってほしいものです。

そんなとき、ポジティブすぎる人は相手のペースを考えず、いつまでも落ち込んでいるのはよくないという気持ちが先行して、「悲しんでいても、奥さんは生き返らないのだから、亡くなった人のことは早く忘れたほうがいい」などと口にしてしまうのです。

もちろん悪気はなく、「なんとかして悲しみを早く和らげたい」という純粋な気持ちから出た言葉や対応かもしれませんが、言われた人にとっては迷惑以外の何物でもなく、心も傷つくはずです。

このようなときは、ポジティブ思考を自分の中だけに留めておくようにしたいものです。

人の心の動きというのは不思議なもので、あることを考えないようにすればするほど、かえってそのことが頭から離れなくなってしまいます。つまり、「早く忘れて」といった類のアドバイスは、相手の悲しみやつらさをかえって長引かせてしまうかもしれないのです。

ですから、「亡くなった人のことは早く忘れて」とか、「つらいことは早く忘れるに限るっていうじゃないか」といった言葉は、相手を元気づけるには的外れといえます。

こうした行動は、ダニエル・ヴェグナーというアメリカの心理学者が発見した心理現象で、「皮肉過程理論」と呼ばれます。

別名「シロクマ効果」ともいいます。シロクマに関する映像を見せた人たちに「シロクマのことは絶対に考えないでください」と指示したところ、かえってシロクマの記憶が鮮明に残ることがわかった、という面白い実験に由来しています。

では、悲しい出来事が起きて沈んでいる人がいたら、どうすればいいのでしょうか。

意外かもしれませんが、これまでとまったく同じように接することです。

たとえば、数カ月に一度のペースで食事をする仲だったとしたら、同じように食事に誘えばいいですし、ＳＮＳで頻繁にやり取りをしていたなら、何事もなかったようにそれを続けましょう。

その際、「この店は亡くなった彼が好きだったから、別の店にしよう」とか、

「彼女の旦那さんは旅行が趣味だったから、その話はしばらく封印しよう」
などという気遣いは無用です。

そんなことをすれば、かえって記憶が戻ってきます。何事もなかったように、今までと同じように接すればいいのです。

感情も記憶も、自然な対応を心がけていれば時間と共に薄れていくでしょう。

●おわりに
ひとり老後＝孤独というイメージを捨てましょう

いかがでしたか。

「ひとり老後」というと、誰とも関わりを持たない、寂しいイメージを抱いていた人も少なくないかもしれません。

本書を通じて、そのイメージが間違っていたことを実感できたのではないでしょうか。

そうなのです、老後は現役時代の責任と束縛から解放され、限りない自由が楽しめるのです。医療の発達などで寿命も伸びました。高齢者と呼ばれる人でも、ひと昔前と比べてはるかに健康で若くいることができます。

しかもひとり暮らしでは、与えられたたっぷりの時間を、誰に遠慮することなく自分のために使えるのです。こんなに幸せなことはないでしょう。

この先、「孤独だな」「つまらない人生だな」などと感じたときは、どうぞ改めて本書を手に取ってください。

そして、「ひとり老後」が孤独とは無縁であることを実感していただけたら、著者としてこのうえなくうれしく思います。

ご愛読ありがとうございました。

●主要参考文献（すべて自著）

・『頭がいい人、悪い人の老後習慣』（朝日新聞出版）
・『シニアのためのゆるっと感情ストレッチ』（祥伝社）
・『老いも孤独もなんのその「ひとり老後」の知恵袋』（明日香出版社）
・『心と体の「老後のイキイキ健康術」』（ＰＨＰ文庫）
・『イライラが消える「老後の快適生活術」』（ＰＨＰ文庫）
・『女性のための「老後の楽しみ方」』（ＰＨＰ文庫）
・『精神科医が教えるすりへらない心のつくり方』（だいわ文庫）
・『１日１分！　生涯現役の脳をつくる方法』（知的生きかた文庫）

[著者]

保坂隆（ほさか・たかし）

1952年山梨県生まれ。保坂サイコオンコロジー・クリニック院長。慶應義塾大学医学部卒業後、同大学精神神経科入局。1990年より２年間、米国カリフォルニア大学へ留学。東海大学医学部教授（精神医学）、聖路加国際病院リエゾンセンター長・精神腫瘍科部長、聖路加国際大学臨床教授を経て、現職。また実際に仏門に入るなど仏教に造詣が深い。

著書に『精神科医が教える 心が軽くなる「老後の整理術」』『精神科医が教える お金をかけない「老後の楽しみ方」』（以上、ＰＨＰ研究所）、『人間、60歳からが一番おもしろい!』『ちょこっとズボラな老後のすすめ』『繊細な人の仕事・人間関係がうまくいく方法』（以上、三笠書房）、『60歳からの人生を楽しむ孤独力』『50歳からのお金がなくても平気な老後術』『すりへらない心のつくり方』（以上、大和書房）、『頭がいい人、悪い人の老後習慣』（朝日新聞出版）、『精神科医がたどりついた「孤独力」からのすすめ』（さくら舎）、『老いも孤独もなんのその「ひとり老後」の知恵袋』『楽しく賢くムダ知らず「ひとり老後」のお金の知恵袋』など多数、共著に『あと20年！ おだやかに元気に80歳に向かう方法』（明日香出版社）などがある。

ムリなく気楽にちょうどよく　「ひとり老後」の人づきあいの知恵袋

2025年4月12日　初版発行

著者　保坂隆

発行者　石野栄一

発行　明日香出版社

〒112-0005 東京都文京区水道2-11-5

電話 03-5395-7650

https://www.asuka-g.co.jp

印刷・製本　シナノ印刷株式会社

ISBN 978-4-7569-2399-8